NASHVILLE, TENNESSEE

DÁMARIS CARBAUGH

Ad.⊢ós a mí

una historia de vida o muerte

Contenido

Introducción

Quisiera contarte la historia de mi vida y de mi muerte. Sobreviví a mi propia muerte y creo saber cómo puedes sobrevivir a la tuya. Muchos han experimentado una muerte temporal y han vuelto a la vida para contarnos su asombrosa anécdota. Ese no es mi caso. La mía no fue una muerte pasajera, no fueron unos minutos de ausencia de oxígeno o falta de pulso. No volví a la vida con resucitación artificial. No volví a mi vida. Me sucedió algo parecido a lo que ocurre con una semilla: cuando muere no vuelve a ser semilla nunca más. No conozco a nadie con plena salud mental y emocional que anhele su muerte. Yo tampoco la quise pero un día me vi forzada a cruzar el umbral que conduce a las sombras, donde la persona que fui se quebró hasta desaparecer.

La única condición que debe cumplir quien lee estas páginas es tener pulso todavía porque si ya no lo tiene, sería demasiado tarde para sobrevivir a su muerte.

Dámaris

Ciudad de Nueva York
3 de julio de 2015

Parte I:
La estrella

Ratón de iglesia

Me crié entre las paredes y los trastos de la Iglesia Tesalónica, en el sur del Bronx, en la ciudad de Nueva York, donde mi abuelo materno era el pastor y mis padres eran líderes de la iglesia.

Recuerdo mi cuerpo pequeño recostado en la tarima, cerca del púlpito. Tomaba el biberón junto a mi hermana mientras mis ojos se entretenían con lo que alcanzaban a ver desde el suelo. Las manos de mi madre se agitaban con pasión mientras enseñaba en el servicio dominical. De vez en cuando, también se dirigían a nosotras para ordenarnos silencio. No podía ver a las personas de las bancas porque una pequeña cortina cubría la parte baja de la plataforma. Entonces mis ojos se perdían entre los pliegues hasta cuando sonaba la música del órgano y los pies de mi padre se convertían en el mejor espectáculo. Iban de un lado a otro pisando los pedales de ese instrumento que producía incontables sonidos. La mirada se me enredaba en esos pies alegres y me olvidaba de todo lo demás.

La rutina de la iglesia era la única vida que conocí en mi infancia y juventud: lunes, oración; martes, damas; miércoles, coro; jueves, caballeros; viernes, jóvenes; sábado, preparación de escuela dominical; domingo por la mañana, clases y por la tarde, culto. Fue igual cuando fuimos a vivir unos años a Puerto Rico. Aunque quizás ahí, en esa maravillosa isla, una singular historia de amor alteró definitivamente mi rutina.

Fue en el graderío de un coro de niños de la Iglesia Wesleyana. Estábamos muy juntos unos de otros, casi rozando nuestros hombros. Mirábamos cada gesto del director, mi padre, que nos enseñaba una melodía tan dulce como lo que estaba a punto de suceder. En medio de las voces, distinguía mis latidos acelerados por la emoción hasta que se detuvieron cuando escuché la fusión de los sopranos con los contraltos. Al sonar la armonía, fui cautivada por ella y me estremecí entera. Por primera vez mi cuerpo conoció la belleza. Miré a los lados para comprobar si a otros les pasaba lo mismo, pero no. Parecía que yo era la única fascinada por el sonido celestial de las voces juntas. Mis oídos jamás podrían volver a vivir sin ese placer. A mis ocho años me enamoré de la música.

Desde ese día, me cuenta mi madre, no paraba de cantar. Además, empecé a acompañar a mi padre a los ensayos del coro de adultos que él dirigía en la iglesia, solamente para quedarme sentada, escuchando. No puedo olvidarlo, era una cantata de John W. Peterson que me paralizaba de felicidad. Y cuando alguna vez oía cantar a mi abuela, una magnífica cantante de ópera, mis ojos no abarcaban todo mi asombro.

Mi abuela fue la primera en decir que yo sería cantante. Lo supo tan solo al oír mi llanto a los pocos días de nacida, allá en 1955. Había escuchado a tantos llorar cantando en la ópera que ni bien entorné mis frágiles labios de bebé –seguramente con un gran gesto trágico– y dejé salir por mi garganta toda la potencia de mis pequeños pulmones, ella reconoció el toque. La mamá de mi padre tenía ascendencia española de las Islas Canarias y se casó con un italiano de Nápoles, en Nueva York. Se habría dedicado toda la vida al canto, pero mi abuelo por parte de padre, no resistió verla en brazos de todos los actores que interpretaban el papel de amantes en las obras musicales y ella decidió quedarse solamente en los brazos de mi abuelo. No, miento, otro amor le acompañaría siempre, su querida isla natal, Puerto Rico, a donde se mudaron. De ahí, mi padre que nació hablando –y cantando– en español e inglés, creció en la isla encantada y conoció a mi madre que no cantaba –pero encantaba– y volvieron juntos a Nueva York donde nací yo cantando y encantando con sangre boricua, española, italiana y neoyorquina. ¡Fiuu!

Volvamos al tema. Algo más que doctrina cristiana o cantos litúrgicos aprendí correteando por los pasillos del templo. Una noche, escuchaba a mi madre compartir el mensaje de salvación, como lo había hecho cientos de veces antes. No recuerdo qué decía mi madre, pero empecé a llorar. Era como si una tormenta se hubiera desatado en mí sin ninguna razón. Era un llanto inagotable, pero no de tristeza. Tampoco de alegría. Mi madre invitaba a los pecadores a pasar al frente para recibir el perdón de Dios. Yo, por supuesto, no iba a responder al llamado. La hija de los ministros seguramente no necesitaba nada de esto. Había crecido bajo el púlpito, era un ratoncito de iglesia que no se parecía en nada a la gente que iba hacia el altar: gente mala que quería ser buena. Mis lágrimas no se detenían y llamaron la atención de una señora que me preguntó si quería pasar al frente para recibir a Jesús. Intenté calmarme. "Soy la hija de la que enseña", dije ofendida. Pero al día siguiente, a pesar de mi incomodidad, caminé hacia el altar porque mi madre me explicó esa noche que por ser su hija no iría al cielo. Le dije a Jesús que, por si Él no me reconocía como hija de mi mamá, la predicadora, quería invitarlo a mi vida para que me reconociera en el cielo, como hija de Dios.

Así de sencillo y a una edad muy tierna empezó a dibujarse el camino por el que había decidido andar. •⊨

Lecciones de canto

De regreso a la ciudad de Nueva York, con apenas once años –quizás por mi insistencia en el canto o porque mis padres reconocieron, sin decírmelo, que tenía talento–, estaba lista para el estudio formal de la voz. Mi madre se puso en contacto con una prestigiosa maestra de canto lírico, la italiana Emilia Del Terzo. Cuando ella se enteró de mi edad, no quiso siquiera escucharme. Es conocido que los cantantes deben iniciar su estudio a los dieciséis años, cuando la voz y el aparato fonador están maduros. Pero mi madre le rogó que por lo menos me oyera una vez antes de dar su "no" definitivo. El día de la audición nos encontramos frente a frente la maestra y yo. La primera impresión resultó tan graciosa: ella era una mujer muy pequeña de estatura ¡y yo una niña de 1,70 m (5 pies, 7 pulgadas)! David y Goliat. Solo que en este caso la pequeña niña era Goliat. Canté como toda una soprano y al salir ya tenía horario de clases, programa de estudio y la mejor maestra de la comunidad.

En poco tiempo, aunque era niña todavía, cantaba en la iglesia en el coro de adultos, también en el coro femenino, un trío, un cuarteto y como solista; formaba parte del coro del colegio, con ensayos diarios de *solfeggio* y obras para canto lírico, además de la hora diaria de piano que mi madre añadió a mi rutina de estudios durante siete años.

Pero vivía encantada. Los sábados iba en el tren Nro. 6 con mi hermana Déborah, desde el sur del Bronx hasta el centro de Manhattan, al *Carnegie Hall*, ese palacio de las artes, donde no solo aprendí a cantar sino que admiré a las bailarinas del ballet de la ciudad de Nueva York, a los cantantes de ópera que practicaban en las salas vecinas y a los maestros de distintos instrumentos musicales. Mi vida era un capullo bañado de rocío.

Aun el lado difícil del arte lo disfrutaba con ilusión: cada ensayo, el acoplamiento de voces, los largos viajes, la monotonía... La música, en mi situación particular, estaba unida a la fe cristiana y a la vida de la iglesia. Mis escenarios eran templos y pequeños auditorios, y el público era un grupo de creyentes que cerraban sus ojos –para concentrarse en Dios más que en los artistas– mientras cantábamos al frente. Pero no importaba. Creía que hacía algo valioso. Quizás por la luz que encendía los ojos de mi madre siempre que servíamos a Dios.

Un tiempo íbamos de gira, como familia, a visitar varias iglesias. Mi madre enseñaba, mi padre tocaba el piano y mis hermanas y yo cantábamos en un trío. Algunas congregaciones nos recibían con tanto cariño, pero otras se ponían un poco difíciles: nos pedían no cantar ciertos ritmos porque los consideraban demasiado alegres o no permitían que usemos aretes ni el cabello corto... Nada de esto me desanimaba porque mi madre nos decía: "A Cristo no le importan estas tonterías, así no es Él". Claro que nos enseñaba a obedecer con humildad las reglas que nos imponían, pero gracias a Dios, también a no someternos a ellas cuando no tenían razón de ser.

En el contexto donde me crié todo era pecado. Ir a la playa era pecado, usar pantalones era pecado, ir al teatro era pecado... Pero mi madre distinguía muy bien los mandamientos de Jesús, de las equivocadas leyes religiosas. Recuerdo muchas tardes cuando ella nos llevaba a escondidas a los matinés de Broadway (¡el mejor teatro del mundo estaba a pocas cuadras de mi casa!). A mis hermanas y a mí nos fascinaban esas obras musicales. Una fue tan especial, la mejor que he visto hasta hoy: *Hello, Dolly!* El elenco entero, por primera vez, integrado exclusivamente por negros americanos (tan significativo en esa época del movimiento por los derechos civiles), la actriz Pearl Bailey en el papel protagónico, su autenticidad y calidez, sus gestos cómicos que enloquecían al público. Todavía me visto de estas memorias como si fueran los gigantes sombreros de plumas de Dolly, bailo con su amplia falda azul, volando, me subo al tren del escenario o bajo las gradas cubiertas con alfombra roja mientras canto, seguida de bailarines idénticos unos a otros que, pocos segundos antes de que baje el telón, se arrodillan a mi alrededor y levantan sus brazos hacia mí, señalando el final de la última nota que resuena gloriosa en mi garganta y conmueve hasta la última butaca del último balcón.

Despierta, Dámaris. El tiempo es breve y la historia que debo contar, urgente. Pero no piense el lector que me entretengo en detalles innecesarios. La mayor parte de nuestras vidas se compone de pequeños detalles, rutinas o encuentros que confluyen en las personas que somos. Piensa en la más insignificante de las piezas de tu vida, ¿serías la misma persona sin ella? • ⊶⊷⊣

Estrellita, ¿cómo estás?

U na de las piezas de mi historia que podría parecer insignificante es mi participación en un show de talentos cuando estaba en la escuela secundaria, a la edad de 15 años. No era raro para mí actuar en cuanta obra se pusiera en escena. Viví mi pequeño Broadway en el teatro del colegio, al ser parte del elenco de *Kiss me, Kate*; *The King and I* o *Carousel*, musicales que fascinaban al público tanto como a mí me fascinaba el público. En una de estas obras fue la primera vez que canté ante cientos y cientos de personas que se volvieron locas con mi voz. El periódico local publicó la mañana siguiente: "Dámaris Cortese casi detuvo el espectáculo"... ¡Cómo olvidarlo! Pero volvamos al show de talentos. Era un evento sencillo en el que varios estudiantes demostrábamos nuestras habilidades artísticas. No esperaba gran cosa de ese show. ¿Cómo iba a saber que entre el público estaría el esposo de una maestra que era el electricista del baterista que tocaba para Burt Bacharach, uno de los más famosos compositores de esa época? (Si recuerdas la canción *Raindrops Keep Fallin' on My Head* –*Gotas de lluvia sobre mi cabeza*–, sabrás quién es Bacharach). ¿Y cómo podía adivinar que este esposo, electricista del baterista del compositor, quedaría impactado con mi talento? Imposible imaginar siquiera que unas pocas palabras del esposo de mi maestra cambiarían radicalmente mi camino: "Dámaris, tú podrías lograrlo".

No entendí exactamente qué me quería decir con eso, pero me gustó cómo sonaba. La convicción de sus ojos me obligó a considerar que mi voz podría llevarme a sitios insospechados. Ese día, mis sueños subieron al último piso del *Empire State* y, desde allí, miré lo que podía suceder si seguía cantando y a la gente le seguía gustando. Desde allí, me miré como la próxima Barbra Streisand, la futura Dionne Warwick... la mejor voz femenina de Estados Unidos y del mundo entero, con giras y grandes conciertos, acompañada de orquestas filarmónicas, en lugares como el *Madison Square Garden* y millones de discos vendidos. Me agarré de ese sueño. Al terminar el show supe con toda certeza que sería cantante de música popular.

Pronto, el esposo de mi maestra se contactó con el baterista de Bacharach, Gary Chester –todo un personaje de la industria musical– para hablarle del talento que había descubierto, pero él no demostró ningún interés. ¿Qué músico, en su sano juicio, le haría caso a su electricista sobre muchachitas aficionadas que "podrían lograrlo"? Chester tampoco tenía la intención de promover artistas nuevos. Sin embargo, cedió a tanta insistencia y aceptó asistir a un mini concierto exclusivo para él, donde las cuatro mejores voces del colegio esperarían su veredicto. Llegó el día. Cantamos, yo fui la última. Los otros tres corrieron a preguntarle qué le había parecido, pero yo no me atreví ni a acercarme. Oí de lejos que les decía a todos, sin tanto entusiasmo, que tenían aptitud. A mí ni me habló y se fue. Detrás de él salieron los otros cantantes y, cuando estuve sola, el esposo de mi maestra me dijo: "La única que le interesó fuiste tú, te espera en su casa".

Fui con gran expectativa. Desde que entré supe que mi destino estaba cambiando. Su casa me impresionó. Me di cuenta enseguida de que la música podía estar ligada a grandes comodidades y mucho dinero. Cuando Gary Chester me vio, dijo: "Tienes un talento increíble, voy a hacer de ti una estrella".

Una estrella se me instaló en el corazón desde ese encuentro. Ya sabía qué quería de la vida y hacia dónde iba, a pesar de que a mi alrededor todo parecía seguir igual. En casa vivíamos siempre apretados, a veces hasta el punto de no poder pagar la hipoteca. Todavía cantaba en la iglesia, aunque allí no hubiera aplausos ni dinero. Aunque los arreglos musicales no siempre fueran buenos (a veces sonaban ridículos y casi nadie se daba cuenta). Me gustaba. Recuerdo una vez que habíamos cantado con el coro un precioso himno... Las sopranos preguntábamos: "¿Qué me puede dar perdón?" y los bajos respondían con su martilleo solemne: "Solo - de - Jesús - la - sangre, - solo - de - Jesús - la - sangre". Luego volvíamos las sopranos: "¿Qué me puede dar perdón?" y los bajos insistían con su profunda proclama: "Solo - de - Jesús - la - sangre, - solo - de - Jesús - la - sangre". Al terminar, Dios se hizo sentir de una manera especial. Los cantantes salíamos de los graderíos sin escuchar ni un aplauso, solamente sollozos y palabras regadas por el salón. "Aleluya", decían, "me rindo". También llorábamos los coristas. ¿Qué podía ser sino la presencia misma de Dios?

Maravilloso. Pero yo no sería cantante de música sagrada. Mis padres trabajaban para la iglesia a tiempo completo y eso estaba bien para ellos. Cuando la directora del coro o cualquier otra persona de la congregación me decía: "Qué bello cantas, Dámaris, seguro Dios tiene algo grande para ti en Su reino", yo sonreía por fuera, pero por dentro decía: "Esa no es mi carrera, discúlpame. No todo el mundo tiene que estar en el ministerio. Podemos tener otra vida". No anhelaba un itinerario de cantante cristiana porque eso es lo que había tenido durante años. Me cansé de las deudas, de no alcanzar al fin de mes, me harté de necesitar. Quería tener el efectivo para comprar tres pares de zapatos, si quisiera, o un auto o pagar un viaje. Seguiría amando y respetando el Evangelio, como siempre, pero necesitaba un descanso.

"Te quiero creer, pero no te creo", me dijo Gary Chester, mi flamante productor, cuando canté una canción que él me había pedido. Estábamos metidos de cabeza en la tarea de convertirme en estrella. "Si solo cantas con excelente afinación y técnica, no es suficiente", insistía. Le interesaban más la emoción y la sinceridad con las que interpretaba una letra. Me aconsejó que escuchara a Billie Holiday, una de las más admiradas cantantes de jazz... *Good morning, heartache / You old gloomy sight / Good morning, heartache / Thought we said goodbye last night...* (Buenos días, dolor, / vieja y triste visión. / Buenos días, dolor. / Pensé que anoche nos dijimos adiós). Cuando la escuchaba sentía verdaderamente su angustia. A mis dieciséis años entendí que hacía falta sentir y comunicar lo que sientes cuando cantas.

Mientras continuaba mi entrenamiento, me inicié también como cantante de *jingles* publicitarios. Ese era otro mundo desafiante que pagaba muy bien. Lo hice por muchos años. Canté anuncios como: *Have a coke and smile, makes me feel good, makes me feel nice. Coca Cola adds life* (Tener una coca y sonreír me hace sentir bien, me hace sentir lindo. Coca Cola da chispa). O también: *Always Coca Cola* (Siempre Coca Cola). O: *Kentucky Fried Chicken, we do chicken right* (*Kentucky Fried Chicken*, ¡hacemos el pollo bien!). O estos en español: "No estás sola, con Mazola"; "Porque el éxito singular de lo doble bueno es *Doublemint, Doublemint, Doublemint gum*"... ¡Tantos comerciales! A los quince hice mi primer *jingle* ¡y a los veinte ganaba 80.000 dólares al año! Todo ese dinero se lo daba a mi madre para pagar las cuotas de la casa. Casi la perdemos tres veces.

Pero mi casa la pagaría de contado. Sería grande y muy cómoda. ¡Qué digo!, serían varias casas: una en la ciudad, otra en la playa, otra en el campo y una más en Europa. Y claro, cultivaría la virtud de la hospitalidad. En ellas recibiría a misioneros o evangelistas... Así que, con mi productor, trabajábamos duro para "lograrlo". Preparábamos un demo para presentarlo a las grandes compañías disqueras como la CBS *Columbia Records.*

Eran tiempos difíciles en la ciudad de Nueva York –principios de los años 70–, crisis de empleo por el cierre de numerosas industrias, altos índices de criminalidad y narcotráfico, tensiones raciales... En mi vida familiar acabábamos de sufrir la separación de la Iglesia Tesalónica, donde mis padres y mi abuelo habían servido por tantos años. Ellos se rehusaron a enseñar a la congregación cosas que la junta consideraba pecado, pero que en realidad eran asuntos relacionados con el legalismo, prohibiciones humanas, añadiduras que entorpecían la verdad del evangelio. Entonces, la junta de la iglesia los destituyó de su cargo. Nos despidió sin importar nuestros cánticos, las prédicas, el compromiso, las lágrimas... Pero ni la inestabilidad urbana ni la eclesiástica tuvieron tanta trascendencia en mi vida como lo que estaba a punto de suceder.

El Tabernáculo de Brooklyn

Buscando una nueva iglesia, conocí *The Brooklyn Tabernacle* (El Tabernáculo de Brooklyn), en esa época, una comunidad pequeñita liderada por el pastor Jim Cymbala. Sí, la misma que hoy tiene varios miles de miembros y el famoso coro del Tabernáculo de Brooklyn –*The Brooklyn Tabernacle Choir*–, ganador de un premio Grammy. Los mensajes del domingo eran cada vez más desafiantes y me encantaba escucharlos; así que disminuí poco a poco mis presentaciones con el Trío Cortese –el trío de mis hermanas–, acompañando a mi madre en sus visitas ministeriales a diferentes iglesias. Necesitaba establecerme en una iglesia y crecer.

Y crecimos de manera milagrosa. En ese tiempo, muchas iglesias habían abandonado sus templos en la ciudad para trasladarse a los suburbios, pero el pastor Cymbala supo que debía quedarse en el corazón mismo de la necesidad para atender las heridas de la capital del mundo. Mientras otras iglesias desaparecían, la nuestra aumentaba en número y devoción. Mi voz también encontró lugar en los graderíos del primer Coro del Tabernáculo de Brooklyn dirigido por Carol, la esposa del pastor. Pronto, esa voz mía –la que me abría puertas en sitios insospechados– también halló lugar en el corazón del pastor Cymbala. De vez en cuando, en los tiempos de alabanza, el pastor decía desde el púlpito: "Dámaris, dondequiera que estés, levántate y canta". Y yo cantaba entre mil personas, sin micrófono: *In the midst of His children the Lord said He would be* (En medio de Sus hijos, el Señor dijo que estaría). / *It doesn't take very many, it can be just two or three* (No hacen falta muchos, pueden ser solo dos o tres). / *And I feel that same sweet spirit that I felt often times before* (Y siento ese mismo dulce espíritu que sentí tantas veces antes). / *Surely I can say I've been with the Lord* (Seguro, puedo decir que he estado con el Señor). Pero si alguien, conmovido por el canto, me decía: "Dios te utilizará como Su instrumento", enseguida levantaba el escudo, me ponía un casco de acero, tapones en mis oídos y una venda en los ojos para defenderme, y pensaba: "Esta noche fue linda, pero ya no más; no te equivoques, voy a ser una estrella".

Después de varios años con mi productor, aunque crecí en mi interpretación vocal y en mis relaciones con la gente de la industria musical, el demo no dio el resultado esperado en las compañías discográficas. Mientras tanto ya estaba casada con el hombre más maravilloso del mundo, Rod Carbaugh. Algunas mujeres oran todas las noches pidiendo que Dios les conceda el mejor esposo. Es inútil. Ya no deben pedirlo más. Dios me lo concedió a mí. Podrían pedir el segundo mejor esposo del mundo. ¿Cómo lo conocí? Fui invitada a cantar en el *Club PTL*, un reconocido programa de televisión cristiana. Mientras cantaba, Rod me tenía entre sus ojos, no apartaba su mirada de mí ni un segundo. No podía porque era uno de los camarógrafos del estudio, así que mi imagen llenaba su monitor y, más tarde, llenó también sus pensamientos, sus sueños y, por fin, su realidad. Por gracia no se repitió la historia de mi abuela. Rod nunca intentó separarme de los brazos de la música, sino que me apoyó siempre en mi carrera.

Recuerdo, ya casada, cantaba en clubs de jazz. El ambiente era tranquilo, la gente iba a oír buena música. Yo lo disfrutaba, pero cuando terminaba la noche y regresaba a casa siempre me sentía un poco triste. No sabía por qué y no quería admitirlo. Ahogaba esa sensación incomprensiblemente amarga. ¿No te ha pasado que haces lo que siempre has querido hacer y te resulta insuficiente o decepcionante? Me consolaba pensando que cuando llegara a la cima de mi sueño, no volvería a sentirme así. ●▬

The American Song Festival

D ejé a Gary Chester buscando otras puertas hacia el éxito. Conocí a una mujer que hacía *jingles* publicitarios, pero quería ser productora y me propuso realizar un álbum entero para mí. Acepté. Normalmente se producen una o dos canciones como muestra de la calidad de tu trabajo para buscar contratos con discográficas, ¡pero un álbum entero era una buena oferta! Lo hicimos y luego teníamos que esperar. Yo seguía grabando publicidad, pero también hacía los "Uuuuuu, uuuuuu" o "Aaaaaa, aaaaaaa" –los coros de fondo para artistas famosos–. Grabé con el maestro de la salsa, Willie Colón, con la argentina Valeria Lynch, hice coros y hasta un dúo con el cantante y compositor Alejandro Lerner: "Dime lo que pasa / en tu corazón. / Dime lo que falta, / dónde se perdió, / cómo sucedió. / Dímelo". Hice coros para artistas norteamericanos también (mi primera lengua es el inglés, pero tuve la dicha de hablar el español desde niña). Y así la espera no resultó aburrida. Una tarde, al fin, sonó el teléfono. Era mi productora con la noticia de que yo había ganado un concurso. No sabía de qué me hablaba. Hasta me imaginé desfilando en traje de baño, porque lo primero que se me ocurrió ¡fue un concurso de belleza! Encima pensé: "¡Cómo voy a lucir en traje de baño si estoy embarazada de ocho meses!". Esperaba a mi primera hija, nada más. Sin decírmelo, mi productora había presentado mi álbum a un concurso llamado *The American Song Festival* –el precursor de *American Idol*–. Por largo tiempo este festival había premiado a la mejor canción escrita, pero en ese año (1983), el gran premio era para la mejor canción cantada. Buscaban al mejor cantante para firmar un contrato de grabación con *CBS Columbia Records* por 250.000 dólares. ¡Y el premio era mío sin saber siquiera que había participado en el concurso! Grabaría un álbum con una gran compañía discográfica. Lo que tanto había deseado se volvería realidad a mis 28 años. Ya sentía unas puntas brillantes formándose a mi alrededor. Estaba a un paso de la estrella.

La producción del disco tardó un año y el álbum *Dámaris*, de género Funk / Soul, se lanzó en 1984. Los arreglos y los músicos eran estupendos. Mis coristas fueron –no lo vas a creer– Patti Austin y Luther Vandross (maravillosos cantantes y ganadores de varios premios Grammy). Las fotos de portada las hizo un experto japonés. Mi imagen era sobria y las letras de las canciones, respetables. Al poco tiempo, programaron una reunión de *disc-jockeys* y periodistas en el edificio de la *CBS* para conocerme y entrevistarme. Recuerdo lo mucho que me gustaron las miradas de algunos de ellos cuando me presenté. Un leve gesto de cejas levantadas, sonrisa a medias y ojos encendidos se repetían entre los asistentes. Impresionarlos fue como una droga. Experimenté placer al recibir su atención, no solo por mi voz, sino por mi figura o lo que fuera. Me estremecí al ver que era posible convertirme en el ídolo del público.

Con ilusión, envié copias del disco a la gente que amaba: mi familia, algunos amigos músicos, el pastor Cymbala… Dudé antes de cerrar su sobre. ¿Qué pensaría el pastor de mi carrera? ¿Me seguiría invitando a cantar solos con el fabuloso Coro del Tabernáculo de Brooklyn? ¿Por qué no? Lo que yo hacía no era un secreto ni nada de lo que debiera avergonzarme. Cerré el sobre y, como por obligación, envié ese disco, el resultado del premio que Dios mismo me había permitido ganar.

CBS *Columbia Records* finalmente no invirtió gran esfuerzo en la difusión del álbum *Dámaris*, pues como era un premio, no eran fondos que debían recuperar y no hicieron la publicidad necesaria. Sea por esa razón o cualquier otra, el disco tuvo apenas 10.000 copias vendidas. Un fracaso total.

Me resentí con Dios. Le decía: "¿Viste cómo estoy vestida en la portada? ¡No puede haber mujer más decente! Te estoy honrando, no canto canciones inapropiadas. ¿Por qué no dejas que esto triunfe?". Las puntas brillantes se opacaron y desaparecieron. Mi estrella estaba más lejana que nunca.

Festival OTI

Pasó el tiempo y recibí una invitación de la compositora cubana Vilma Planas para participar en un trío, como intérprete de una canción de su autoría, en el Festival OTI, el *Premio de la Canción Iberoamericana*. El ganador del capítulo nacional representaría a Estados Unidos en este premio latino. Aunque tenía sangre puertorriqueña, italiana y española, nunca me vi a mí misma involucrada en el mundo hispano. Para mí era un "extra", un bonito accidente cantar en español porque lo hacía perfectamente. Vilma ya me había llamado antes para grabar los demos de canciones que presentaban a los famosos artistas latinoamericanos para quienes trabajaba. La conocía bien y acepté su llamado. Participé junto a Miguel Ángel Guerra y Eduardo Fabiani en el capítulo nacional. Al fin de la noche, el conocido cantante y compositor José Luis Perales entregó el sobre con el veredicto del jurado al presentador de televisión, Raúl Velasco. Juntos anunciaron que la canción de Vilma Planas, *Todos*, interpretada por nuestro trío, era la ganadora. El próximo paso sería representar al país en la competencia iberoamericana de 1986.

El OTI era el festival de la canción más importante de esa época en el mundo hispano. Nuestra presentación en la competencia internacional fue televisada, desde Santiago de Chile, a 300 millones de espectadores en 22 países: "Ven, unamos nuestras fuerzas. / Ven, que no existan barreras. / Ven, que el mundo es para todos. / Ven, demuestra tu bondad". Era una canción pacifista que hablaba de unidad universal. "Todos vestiremos, todos comeremos / en la misma mesa el mismo pan…". Esa noche llevaba un vestido largo de terciopelo negro con encajes alrededor del cuello (alguien del jurado dijo que cuando me vio, se imaginó ver a la madre superiora), era una actuación importante, el trío representaba a los Estados Unidos. Veinte países habían llegado a la final y, otra vez… ¡ganamos! Recordé las palabras que me hipnotizaron a mis 16 años: "Dámaris, tú podrías lograrlo". Aunque sabía bien que este triunfo no significaba "lograrlo" –no en la medida de mis sueños, no para el público norteamericano–, estaba contenta del resultado, era la primera vez que Estados Unidos ganaba esta competencia. Pero tenía unas incontenibles ganas de llorar. La gente me felicitaba, hablaban de la grandiosa canción que acabábamos de interpretar: "…todos comeremos en la misma mesa el mismo pan…". Mentira –pensaba yo–, esta unidad universal es imposible sin Dios. "Ven, que no existan barreras… demuestra tu bondad". ¿Qué bondad era posible sin Dios? ¡Qué confusión de emociones sentía en medio del aplauso, sosteniendo esa pequeña estatuilla que nos convertía en el centro de atención del mundo de la canción hispana! Hubiera querido poder apagar mi conciencia y decir simplemente: "Sí, podemos vivir en armonía y unidad, hay esperanza en la bondad del género humano… además, ¡qué importa la letra de una canción!".

Cualquier forma de éxito que probaba jamás era suficiente. Ganar el OTI era un pequeño escalón en esta carrera que se ponía cada vez más cuesta arriba. Las giras mundiales, los conciertos con grandes orquestas de cuerdas y vientos en enormes teatros repletos de gente que gritara: "¡Dámaris! ¡Dámaris!", todavía no sucedían, pero yo seguía dando pelea, subía peldaño a peldaño la escalera del éxito absoluto. No me rendiría ahora que ya había superado retos difíciles.

Dejé a mi productora y a *CBS Columbia Records*, trabajé con un músico de California en nuevas canciones, contraté un nuevo mánager… Faltaba poco, estaba segura.

No llores por mí, Argentina

Supongo que el pastor Cymbala no se molestó conmigo al recibir mi disco. Nunca me agradeció ni comentó nada al respecto. Con su silencio me dijo bastante, pero no disminuyó su respeto y aprecio por mí. Lo supe cuando me invitó a acompañarlo a una conferencia para pastores y líderes eclesiásticos en Tucumán, Argentina. Sería algo pequeño con doscientos asistentes y mi voz era necesaria para cantar en español himnos de alabanza. Él decía que cuando yo cantaba, tocaba el corazón, así que fui contenta. Pensaba: "¡Qué buena cristiana soy!, siempre estoy dispuesta a ofrecer mi talento a la Iglesia y lo hago sin ningún interés". Me sentí aliviada al comprobar que mi carrera en la música popular no impedía que me llamaran a actividades como esta, que me llenaban espiritualmente. Nunca pensé que algo importante podría ocurrirme en este viaje. El hotel donde nos hospedamos era lo opuesto al lujo: mi habitación tenía una cama más delgada de lo normal –aunque si dormía de lado, estaba bien–, y una toalla tan gastada que parecía que iba a romperse. No importaba, había venido a servir. Durante los cultos me pedían cantar himnos al inicio de la reunión, luego el pastor Cymbala predicaba a esos humildes siervos de Dios y los animaba a cumplir con pasión su tarea. Todo marchaba según lo previsto.

Pero una noche, después de cantar, me senté y el pastor inició su sermón. Al poco rato, me perdí en una especie de niebla. Las palabras del pastor dejaron de ser audibles, el salón se desvaneció y ya nadie estaba conmigo. Apenas pude oír una voz que me decía: "¿Qué estás haciendo?". No era una simple pregunta. Era un reclamo, una expresión de tristeza, un ruego y al mismo tiempo un llamado... Era algo parecido a cuando una madre entra en la habitación de su hijo y encuentra que no está haciendo lo que debía hacer. Ella no necesita saber qué hace su hijo porque ya lo sabe. Lo pregunta para que él reflexione sobre lo que hace, para que se mire a través de otros ojos, los ojos de autoridad y amor de una madre. Esa pregunta dentro de mí, "¿qué estás haciendo?", era de Dios. No provenía de la prédica porque el tema era otro y yo no escuchaba las palabras del sermón. Dios mismo empezó a batallar conmigo, me arrestó por más de dos horas.

–Mírate, Dámaris, ¿sabes lo que estás haciendo? –me decía. De inmediato entendí de qué se trataba, sentía el golpe seco de la verdad. Que Dios te hable no siempre es agradable. Recuerdo cuando a José, el esposo de María, en distintas circunstancias, lo visitaron ángeles para darle instrucciones divinas; todos esos anuncios fueron pedidos desagradables, demandas extrañas, noticias alarmantes... La voz de Dios conmociona y a veces suena horrible. Nos saca del cómodo y tibio sofá a la tormenta.

–Sabes que no estás bien –insistía.

–Pero seré una estrella –respondía yo mientras se quebraba el cristal de mi sueño–. ¡Lo seré con Tu ayuda, con Tu bendición!

–No es lo que soñé para ti.

–No me digas esto. No quiero escucharlo. Tomé mi rumbo hace 17 años... Te he amado y servido. ¡Apártate de mi camino!

–Haces lo que quieres, ¿cierto?

–Sí, y no creo que esté mal. Pienso que está bien. ¡Y no quiero hacer lo que Tú quieres que haga! –me sentía como una niña pequeña a la que le habían quitado su juguete más querido y pataleaba–. ¡Sé que no quieres que quiera lo que quiero! ¡Pero quiero lo que quiero!

Poco a poco, pude volver a distinguir a las personas que estaban junto a mí. La prédica terminó y la congregación alababa al Señor, gozando de la presencia de Dios. La reunión había durado tres horas, pero nadie quería salir del salón. Algunos levantaban sus manos, otros lloraban, se oía un murmullo de gratitud, de profundo amor.

–Míralos, Dámaris…

Los miré y admití que ellos tenían algo que a mí me faltaba. Su devoción por Dios era inmensa. Mucho antes había sentido esta sed de experimentar un amor real hacia Dios. Siempre admiré el amor que mi madre tenía por Jesús. ¡Cómo lo amaba! Pero no hay muchas personas como ella en el mundo y parecía que todas estaban reunidas esa noche, expresando su gigantesco amor al Padre.

Casi podía ver a Jesús cuando dijo: *¡Jerusalén, Jerusalén…! ¡Cuántas veces quise juntar a tus hijos como la gallina a sus pollitos debajo de sus alas, y no quisiste!* (Lucas 13:34). Me parecía que los que estaban adorando a Dios junto a mí en el culto eran esos pollitos debajo de Sus alas.

–Ellos me aman. ¿Sabes cuál es el problema, Dámaris? Tú no me amas.

–¡Sí, pero ellos están bajo Tus alas y Tú no me tienes a mí bajo Tus alas! –renegué, llena de resentimiento. Me vi como un pollito rechazado, lejos de la caricia y el calor de las plumas–. Tal vez no te amo como ellos, ¡pero Tú no me amas a mí como los amas a ellos!

–No estoy lejos. Acércate a Mí y Yo me acercaré a ti –me decía esa Voz divina.

Lloraba por el disgusto, la decepción, pero bajé la guardia. Me arrepentí de mi actitud hacia Dios. Era cierto que Él me estaba diciendo algo que jamás pensé oír, en cierta manera estaba desmoronándome, pero Dios me hablaba. Me confrontaba seriamente y, aunque fuera devastador, era también una bendición.

–Sé que estoy mal, lo admito –empecé a mostrarme de manera auténtica–, pero no quiero ser lo que Tú quieres que sea. No puedo cambiarme a mí misma. Así que, Señor, me arrepiento y te doy este corazón que quiere lo que quiere. Tómalo y cámbialo. Quita de él mis deseos y pon los Tuyos.

Lo dije enojada, rota por dentro. Me sentía engañada de alguna forma. Dios me había dejado ir por mi propio camino durante 17 años. Mi familia me apoyaba, tuve muchos logros, ¡además, talento! ¿Por qué Dios me daba un enorme talento para que lo esconda? ¿Me pedía Él que lo esconda? ¿Por qué querría Dios que yo fuera una estrella sin brillo? ¿Qué me pedía exactamente? Lo único claro, en ese momento, era que el camino tomado por mí no era el que Dios aprobaba. Pero tampoco me lo prohibía. Al final, la decisión estaba en mis manos.

Piensa en tu sueño más querido, algo por lo que hayas luchado la mitad de tu vida, algo que te defina y que ocupe el primer lugar de tus prioridades. ¿Cómo te sentirías si Dios te pidiera dejarlo? ¿Lo harías? Y, más importante todavía, ¿Dios hace esta clase de demandas? ¿El Dios de la Biblia puede irrumpir en la vida de uno de Sus hijos y exigirle un cambio radical de dirección? Si puede hacerlo, ¿por qué haría algo así?

Mi encuentro con Dios en Argentina fue devastador. Recordarlo me hace pensar en la noche de Jesús en el huerto de Getsemaní, cuando pedía a Su Padre, lleno de angustia, que si fuera posible no lo dejara morir esa desgarradora muerte que le esperaba en Jerusalén. Dicen que la edad de Jesús era de 33 años cuando eso ocurrió. Yo también tenía 33 años la noche de mi encuentro en Tucumán. Y empecé a morir.

Parte II:
La despedida

Gracia para morir

C on el pasar del tiempo, la lectura constante de las Escrituras, la guía del Espíritu Santo y el aprendizaje en comunidad dentro de una iglesia, he llegado a entender mejor lo que ocurrió esa noche en Argentina. Espero poder explicarte, de la manera más sencilla, este misterio revelado en la Biblia porque en cualquier momento, si sigues a Jesucristo, la opción de morir tocará a tu puerta y deberás responder ante Dios si eliges perder tu vida o salvarla. No importa cuál sea tu carrera o tus sueños. Esta opción no se nos presenta solamente a los artistas o a los famosos. Es para todos.

Perder la vida o salvarla no parece una decisión que debamos tomarla nosotros. Los creyentes siempre decimos que ya somos salvos. Y es cierto, leemos en la carta a los Efesios:

Porque por gracia habéis sido salvados por medio de la fe, y esto no de vosotros, sino que es don de Dios; no por obras, para que nadie se glorie. Porque somos hechura suya, creados en Cristo Jesús para hacer buenas obras, las cuales Dios preparó de antemano para que anduviéramos en ellas. (Efesios 2: 8-10).

Hemos sido salvados de la condenación, de la separación eterna de Dios, de la muerte eterna. Y es por GRACIA. La gracia es recibir lo

que no merecemos. Cuando nos dimos cuenta de que éramos pecadores y de que necesitábamos un Salvador, creímos en Jesús y Él nos
salvó. ¿Por qué? Porque Dios decidió favorecernos con Su gracia. No
hicimos nada que nos diera derecho a salvarnos por nuestras propias
obras. Algunas personas piensan que su bondad las llevará al cielo.
Dicen con tanto orgullo: "Yo doné para los huérfanos de la parroquia
rural de San Isidro del Monte Santo, bajando por el sendero de los
maizales, ¡junto a la laguna de Jacarandá!" o "soy más puro que el
cristal de Bohemia", "tengo tanta compasión", "soy tan bacán". Pero
nunca dirán en el cielo: "Se salvó por bueno" ¡y peor "por bacán"!

La bondad de Dios nos salvó: el Padre envió a Su Hijo Jesús a
vivir entre nosotros para enseñarnos las demandas del Reino de los
Cielos, cumpliéndolas en su propia vida. Pero también vino para
redimir al ser humano pagando el precio determinado por Dios. A
causa del pecado merecíamos la muerte. Jesús vino a tomar nuestro
lugar. Fue perfectamente justo, sin pecado (algo que ninguno de
nosotros podría haber sido jamás) –hizo las veces del cordero sin
mancha que se ofrecía como sacrificio en el Antiguo Testamento para
perdón de pecados– y murió en la cruz, cumpliendo la demanda
de justicia delante del Padre: *Porque también Cristo murió por los
pecados una sola vez, el justo por los injustos, para llevarnos a Dios*
(1 Pedro 3:18).

La muerte de Cristo logró nuestra salvación. Las buenas obras
nunca serían suficientes para cumplir la demanda divina de justicia
perfecta. Dar a los pobres, atender al huérfano o visitar al preso
no son boletos para entrar al cielo, no nos llevan a Dios, sino que
son el resultado de haber creído y confiado en el único camino de
salvación: Jesucristo. Dios se acercó a nosotros, enviando a Su Hijo
quien, por gracia, vivió entre nosotros y, por gracia, murió para que
vivamos según los principios revolucionarios del Reino de los Cielos,
haciendo buenas obras.

Yo no trabajé, no hice nada por mi salvación. Tú tampoco. Leíamos que *somos hechura Suya*. ¿Quién es el que trabaja? Jesús, somos Su hechura. El trabajo de Cristo nos salva. Y Él todavía está obrando en nosotros. No ha terminado. La Biblia dice que *Dios es quien obra en vosotros tanto el querer como el hacer* (Filipenses 2:13). Cuando hacemos buenas obras, no trabajamos, Dios trabaja. Fuimos *creados en Cristo Jesús para hacer buenas obras*, lo que significa que cuando somos salvos, comenzamos a hacer buenas obras porque Dios está obrando en nosotros. En mí no habita cosa buena, pero cuando recibo a Jesús, Su Espíritu viene a vivir en mí y vivifica mi espíritu. Su poder da vida a mi espíritu que estaba muerto, separado de Dios. Esto es nacer de nuevo. La Dámaris sin Cristo es la vieja mujer y la Dámaris con Cristo es la nueva mujer, la que ha sido justificada delante de Dios y ahora vive para Dios.

¿Y qué tiene que ver todo esto con la opción de morir de la que hablábamos antes? ¿Qué significa eso de perder la vida o salvarla? Si ya he sido salvada por fe, ¿por qué debo considerar nuevamente preservar mi vida o perderla? Jesús hizo una extraña invitación a Sus seguidores que nos da luz al respecto:

Y decía a todos: Si alguno quiere venir en pos de mí, niéguese a sí mismo, tome su cruz cada día y sígame. Porque el que quiera salvar su vida, la perderá, pero el que pierda su vida por causa de mí, ése la salvará (Lucas 9:23,24).

Esta es una invitación a convertirse en discípulo de Jesús. Es una invitación a morir. Sí, solamente quien tiene vida puede morir. La nueva Dámaris, la que nació de nuevo por el poder del Espíritu, la que ha sido salvada por fe y vive, es quien recibe la invitación a morir: Niégate a ti misma, toma tu cruz cada día. Si eliges salvar tu vida, la perderás, pero si eliges perder tu vida por causa de Jesús, la salvarás.

Muchas personas que conocimos el Evangelio desde la niñez y crecimos dentro de la iglesia, no entendimos esta invitación de Jesús. Vivimos años cómodamente, sin mayores renuncias ni complicaciones, un evangelio *light* que se ajustaba a la idea mundana de complacernos a nosotros mismos por sobre todas las cosas. Creíamos que ser cristianos era ser salvos, tener salud, bendición, prosperidad y jamás sufrir. Nos contentamos con los sermones dominicales y descuidamos por completo la lectura diaria de la Palabra de Dios. Nos dejamos hipnotizar por los cantos de alabanza que nos prometían bienestar, victoria y gozo sin costos reales. No tuvimos oídos para oír la invitación de Jesús.

Él pide a quienes deciden seguirle, negarse a sí mismos y tomar su cruz cada día. Jesús tomó Su cruz el día en que fue crucificado. Se negó a Sí mismo en el huerto de Getsemaní cuando pidió al Padre librarlo del terrible sufrimiento que se aproximaba, pero finalmente rogó: *No se haga mi voluntad, sino la tuya* (Lucas 22:42). Y murió. Jesús no pide nada que Él mismo no haya hecho. Nos advirtió que el discípulo no sería mayor que su Señor. Exige a Sus seguidores imitarlo.

El libro de Romanos ofrece imágenes impactantes que explican lo que significa haber aceptado a Jesús, haber abrazado la fe cristiana, haber dicho "sí" a Su invitación a seguirle:

> ¿O no sabéis que todos los que hemos sido bautizados en Cristo Jesús, hemos sido bautizados en su muerte? Por tanto, hemos sido sepultados con Él por medio del bautismo para muerte, a fin de que como Cristo resucitó de entre los muertos por la gloria del Padre, así también nosotros andemos en novedad de vida. Porque si hemos sido unidos a Él en la semejanza de su muerte, ciertamente lo seremos también en la semejanza de su resurrección, sabiendo esto, que nuestro viejo hombre fue crucificado con Él,

para que nuestro cuerpo de pecado fuera destruido, a fin de que ya no seamos esclavos del pecado; porque el que ha muerto, ha sido libertado del pecado. Y si hemos muerto con Cristo, creemos que también viviremos con Él... (Romanos 6:3-8).

Si en verdad seguimos a Jesús, hemos muerto con Él. La vieja Dámaris fue crucificada con Cristo, está sepultada (o debería estarlo), está muerta para pecar y, así como Jesús resucitó de entre los muertos, se levantó una nueva Dámaris que vive para Dios. Es cierto que estos versículos hablan en tiempo pasado porque esto ya sucedió en nuestra conversión, pero también es cierto que todavía no sucede completamente. Por eso la invitación de Jesús es a morir diariamente.

¿Pero cómo morimos de manera práctica? De la misma forma que fuimos salvados: por GRACIA. Así como necesitamos del favor de Dios, Su provisión milagrosa de un justo que muriera por los injustos para nuestra salvación, así también para nuestra nueva vida en Cristo necesitamos de la gracia, la provisión milagrosa de Dios para poder negarnos a nosotros mismos cada día –morir a nuestra carne, crucificar al viejo yo– y actuar según los valores transformadores del Reino: necesitamos el regalo del Espíritu Santo. Gracia para ser salvos y gracia para morir.

¿Alguien podría morir a sus deseos naturales sin la ayuda de Dios? Son deseos naturales buscar nuestro bienestar primero, mentir por conveniencia, hacer daño a alguien que nos ha hecho daño, sentir rencor... La "carne", así se conoce en el lenguaje bíblico a estos deseos humanos contrarios a la voluntad divina. Cuando Adán y Eva desobedecieron a Dios por primera vez, la naturaleza humana se corrompió por el pecado y, desde entonces, lo natural es desobedecer a Dios, hacer nuestra propia voluntad, vivir nuestra vida. Para morir, para tomar nuestra cruz cada día, es indispensable una fuerza sobrenatural, el Espíritu Santo. Leemos en Romanos:

> Sin embargo, vosotros no estáis en la carne sino en el Espíritu, si en verdad el Espíritu de Dios habita en vosotros. Pero si alguno no tiene el Espíritu de Cristo, el tal no es de Él (Romanos 8:9).

Estas palabras se refieren a personas que ya son salvas porque cuando invitamos a Jesús a nuestra vida, el Espíritu Santo viene a habitar en nosotros. Si el Espíritu no vive en mí, no soy salva, punto. Pero si vive en mí, ya no estoy en "la carne", ya no vivo según esos deseos humanos naturales porque este "Ayudador" divino obra en mí para vencerlos. Claro que esto no ocurre de la noche a la mañana. Es un largo caminar: tomar mi cruz cada día. Morir cada día, esa es la invitación de Jesús porque ¿sabes que tenemos el poder de resucitar? Cuando digo: "Ya no quiero eso", ahí está de nuevo al día siguiente, resucita el mismo sueño o hábito. Si hoy renuncio a mi rencor y mañana revive ese rencor, Jesús dice: "Ah, si amaneciste con el mismo rencor, ¡muérete otra vez!", debo renunciar al rencor nuevamente. La vieja Dámaris convive con la nueva Dámaris y así será hasta que Dios complete su obra redentora en mí, luego de la segunda venida de Cristo y la resurrección para vida eterna. Por eso es indispensable la gracia, la presencia de Cristo en mí, el Espíritu en mí que me ayude a negarme a mí misma. Su gracia me salvó y Su gracia me ayudará a morir:

> Así que, hermanos, somos deudores, no a la carne, para vivir conforme a la carne, porque si vivís conforme a la carne, habréis de morir; pero si por el Espíritu hacéis morir las obras de la carne, viviréis. Porque todos los que son guiados por el Espíritu de Dios, los tales son hijos de Dios (Romanos 8:12-14).

Es por el Espíritu que hacemos morir la carne y así, tendremos vida. Pero si vivimos conforme a la carne, moriremos. ¡Muy parecido a lo que Jesús dijo!: *...el que quiera salvar su vida* –sus propios deseos, su carne–, *la perderá, pero el que pierda su vida por causa de mí, ése la salvará* (Lucas 9:24).

Yo quería salvar mi vida, la vida de la vieja Dámaris con sus deseos naturales: ser una estrella de la música popular, recibir la admiración y el aplauso del público, tener riquezas y comodidades... Por ello trabajé 17 años de mi vida. ¿Acaso no era un deseo respetable? ¿Ofendía a alguien con mi sueño? ¿Cómo este deseo podría ocasionarme "perder la vida"? ¿Por qué, si era hija de Dios desde los ocho años, Él no me había pedido renunciar a esto antes? Dejaré que me acompañes unas páginas más con estas preguntas porque yo viví con ellas durante mucho tiempo. Sin conocer las respuestas, tuve que tomar la decisión de morir, por fe, pero llena de disgusto y pesar.

Acompáñame un rato en este duelo. Sé que te sentarás junto a mí con un traje negro y la cara triste, me darás unas palmadas, un poco de agua, quizás derrames una lágrima, pero jamás entenderás lo que significa morir hasta que se trate de tu propia muerte.

Cambio de escenario
y repertorio

Cuando volví de Argentina, a pesar de mi enojo y malestar, pensé que cumplir la demanda de esa voz misteriosa de Dios sería fácil. Todo lo que debía hacer era dejar de lado mi carrera en la música popular. Me olvidaría de producir más demos, de buscar productores y compañías discográficas. Ya no sería la próxima Barbra Streisand (mi sueño se arrojó del Empire State en caída libre para reventarse contra el pavimento). Dedicaría mi talento por entero a Dios y a Su obra. Ya antes había cantado para la Iglesia y me gustaba. Además, la industria de la música cristiana estaba bastante desarrollada y tenía la certeza de que encontraría un lugar para mí en este campo. Había que hacer ajustes, por supuesto, pero todo estaría bajo control.

Hablé con el pastor Cymbala sobre mi decisión y mi nueva meta. Él invitó a una compañía discográfica cristiana a la Iglesia El Tabernáculo de Brooklyn para que conociera mi talento y testimonio. Después de escucharme, los de la compañía —todos eran cristianos— dijeron que se pondrían en contacto conmigo. Esperé pacientemente que Dios abriera las puertas para grabar un álbum de alabanza con ellos y hacer cosas para la gloria de Dios. ¡Sí!

Luego de unos meses, recibí una carta de la discográfica que decía algo así: "Querida Dámaris, ¡qué gran bendición es tu vida, realmente nos tocaste el corazón! Te informamos que durante este tiempo en particular no estamos buscando firmar con nuevos artistas, así que Dios te bendiga". Era una de esas cartas que en verdad significan: "No nos llame, nosotros la llamaremos". Me sentí insultada. Pensaba: "¡¡¡Soy fantástica y no me quieren!!!", y tienen la osadía de mentirme: ¿Cómo una discográfica puede decir que no está buscando nuevos artistas? Era como si me hubieran dicho que la enorme cadena de restaurantes "El pollo goloso" ¡ya no estaba interesada en comprar más pollos! Todo lo que hace una discográfica es buscar nuevos y buenos pollos… ¡digo, artistas! Así que me insultaron dos veces.

Entonces me resentí profundamente con Dios. Le decía: "¡No entiendo, dejé todo, dejé mi ambición, mis logros seculares para hacer Tu voluntad, ¿y ellos dicen que no me quieren?! Y Dios, con paciencia, respondía: "¿Pensaste que cambiando de escenario y repertorio estaría todo arreglado? Tu corazón busca lo mismo que antes. ¿Crees que una carrera es mejor que otra? ¿Imaginaste que si cantabas canciones de alabanza podrías ocultar de Mí tu corazón? No tienes la actitud correcta. Buscas lo tuyo. Hasta que no quieras hacer Mi voluntad donde sea —en la iglesia, en un hospital, en tu casa o en cualquier otro sitio—, no estás lista. Hasta que, sin importar el lugar donde Yo te lleve ni la tarea que te encargue, no tengas gozo completo, no estás lista para nada".

¡Plop!

Cuando Dios habla nos deja sin argumentos. Su voz, ese estruendo de muchas aguas, nos conmociona, nos aturde y asombra. Su demanda en Argentina iba mucho más allá de un cambio de carrera, no tenía nada que ver con fachadas. Entendí que era posible ser líder de alabanza y no haber muerto a uno mismo, era posible ser el pastor más famoso del mundo y no agradar a Dios. No dependía de lo que pudiera hacer o dejar de hacer. ¿Qué, exactamente, me pidió Dios en Argentina?

Bajar la escalera: la actitud de Cristo Jesús

Haya, pues, en vosotros esta actitud que hubo también en Cristo Jesús, el cual, aunque existía en forma de Dios, no consideró el ser igual a Dios como algo a qué aferrarse, sino que se despojó a sí mismo tomando forma de siervo, haciéndose semejante a los hombres. Y hallándose en forma de hombre, se humilló a sí mismo, haciéndose obediente hasta la muerte, y muerte de cruz. Por lo cual Dios también le exaltó hasta lo sumo, y le confirió el nombre que es sobre todo nombre, para que al nombre de Jesús SE DOBLE TODA RODILLA de los que están en el cielo, y en la tierra, y debajo de la tierra, y toda lengua confiese que Jesucristo es Señor, para gloria de Dios Padre (Filipenses 2:5-11).

Los versículos que acabamos de leer son, quizás, las verdades más profundas de las Escrituras. Muestran a Cristo en toda Su belleza. Me gusta ver este pasaje como una enorme escalera al éxito de la vida cristiana. Cuando hablamos de éxito, muchos piensan en ascender, escalar posiciones o títulos, ganar más dinero, prestigio o poder... Pero esta escalera al éxito no conduce hacia arriba sino hacia abajo. Es una escalera por la que se desciende. ¿Te suena extraño? Los valores del Reino suelen ser extraños, contrarios a la lógica humana. Amar al enemigo, perdonar setenta veces siete o mostrar la otra mejilla a quien nos abofetea no es normal, es revolucionario, y esta escalera del libro de Filipenses revoluciona. ¿Quién quisiera descender por ella? Jesús lo hizo. Acompañémoslo imaginariamente, uno a uno de los peldaños que lo condujeron hasta la muerte. ¿Para qué? Es una escalera que debemos descender también si queremos imitarlo, si en verdad somos Sus seguidores. El pasaje comienza con un mandato: *Haya, pues, en vosotros esta actitud que hubo también en Cristo Jesús...*. Para entender cuál es la actitud que se nos exige, hagamos de tripas corazón y ubiquémonos en el peldaño más alto para iniciar el descenso, aunque nos tiemblen las piernas o sintamos el vértigo de lo incierto.

Primer peldaño: Igual a Dios

Jesús existe eternamente: Padre, Hijo y Espíritu Santo; "Dios en tres Personas, bendita Trinidad", como dice el himno. Los Tres con igual gloria, igual autoridad, el mismo poder. Jesús siempre ha estado con el Padre, Él fue la fuerza que originó la creación. La Biblia dice que... *en Él fueron creadas todas las cosas, tanto en los cielos como en la tierra, visibles e invisibles...* (Colosenses 1:16). Comparte la misma grandeza del Padre, el Dios que ni los cielos de los cielos pueden contener, el que se reviste de luz y dispone Sus mansiones sobre las aguas, ¡el que se transporta sobre las alas del viento! Jesús estaba en ese peldaño de gloria, pero *aunque existía en forma de Dios, no consideró el ser igual a Dios como algo a qué aferrarse...*. Recibe el mandato del Padre de cumplir el plan de salvación, de dar a conocerse a los seres humanos, de renunciar a Sus privilegios... Y no se aferra.

Segundo peldaño: Siervo

Jesús no se agarró con uñas y dientes a Su trono, *sino que se despojó a sí mismo tomando forma de siervo*. Me gusta imaginar esta escena así: los ángeles preparan a Jesús para Su importante misión. Dos arcángeles lo visten con ropas brillantes, un querubín le acomoda la capa, otro le alcanza el cetro y dos serafines le ponen Su más preciosa corona. Pero Jesús, entendiendo la naturaleza de Su llamado, se desviste de Su capa, deja el cetro y la corona bajo el trono del Padre, se quita aun la túnica y dice: "Iré a donde me envíes. Me privo de toda gloria, rindo Mi poder y voluntad. Dejo Mi autoridad y me someto a la Tuya. Soy Tu siervo". Jesús se determina a obedecer aunque eso significara pasar de un estado de absoluta seguridad, comunión, gozo, paz... a otro de inmensa vulnerabilidad. Al despojarse de Sí mismo, se volvería dependiente, indefenso, necesitado. Conocería el dolor en todas Sus formas, pero se abandona por completo a la voluntad de Su Padre.

Tercer peldaño: Hombre

Jesús desciende un poco más *haciéndose semejante a los hombres.* Ya que estaba vacío de Sí mismo y resuelto a servir, nace como un bebé humano. El Dios que era Espíritu infinito se hace carne. Se vuelve un cuerpo —con ojos, cabello, manos y pies— finito. Conoce la sed, el frío, el hambre. Jesús no anda por la tierra pavoneándose como Dios, camina como un hombre. Todo un Dios hecho todo un hombre. Es semejante a uno de nosotros, se diferencia tan solo porque no lleva la simiente del pecado que heredamos del primer Adán. Dice la Biblia que Jesús es el segundo Adán porque vino a reparar el daño que causó el primero. Vino a pelear Sus batallas y a vencer en un cuerpo humano. Saboreó exactamente lo que nosotros experimentamos, fue tentado en todo. Jesús se hizo cercano. Recubierto de gloria hubiese sido inalcanzable, pero vestido de piel, llega al mismo lugar donde nos encontramos.

Cuarto peldaño: Humillación

Y hallándose en forma de hombre, se humilló a sí mismo... No solo que siendo Dios, se rebaja voluntariamente a la condición de hombre, sino que elige ser el más humilde de los hombres. Su nacimiento asombra por la ausencia total de brillo. Sus padres terrenales son gente común del pueblo, Su "debut" en el mundo ocurre en un pesebre, un sitio maloliente, habitado por animales. Sus primeras visitas son pastores, considerados ladrones, salteadores de caminos. Más tarde elige a doce discípulos que no tenían altos cargos ni instrucción, la mayoría pescadores y, para colmo, se rebaja hasta lavarles los pies. No tuvo ninguna posesión material, dicen que ni siquiera tenía dónde recostar Su cabeza. No impresionó a nadie. Su círculo eran los necesitados, leprosos, endemoniados, prostitutas y pecadores. Era rechazado con los rechazados. Hablaba con mujeres –en Su época, algo mal visto–, se sentaba en el último lugar de la mesa. Aun así, habló de un Reino, del que era el Rey. Un Reino hecho para los humildes, donde el mayor era el servidor de todos.

Quinto peldaño: Muerte

Seguimos descendiendo con Jesús. Nos tiemblan las manos, los pies dudan, no se deciden a tocar este próximo escalón tenebroso. La madera rechina, está podrida y amenaza con romperse. Quisiéramos quedarnos en la humillación, pero Jesús continuó *haciéndose obediente hasta la muerte...* Durante 33 años, Jesús se sometió al Padre, se hizo obediente a Él. En varias ocasiones dijo: *...he descendido del cielo, no para hacer mi voluntad, sino la voluntad del que me envió...* (Juan 6:38); *Mi comida es hacer la voluntad del que me envió y llevar a cabo su obra* (Juan 4:34). Incluso Sus palabras no fueron Suyas por completo: *Porque yo no he hablado por mi propia cuenta, sino que el Padre mismo que me ha enviado me ha dado mandamiento sobre lo que he de decir y lo que he de hablar* (Juan 12:49).

No puedo evitar una breve reflexión sobre el sometimiento de Cristo. Si el Hijo de Dios eligió someterse, compruebo que no hay nada degradante en ser sumiso. Además, celebro que esta actitud no es una exigencia exclusiva para la mujer. Subrayo que someterse es un acto voluntario admirable y digno, pero someter a otro es perverso. La violencia intrafamiliar en los hogares cristianos es altísima, en gran medida, por la mala interpretación de ciertos textos bíblicos. Sigamos adelante.

Jesús fue obediente incluso a las autoridades humanas de Su tiempo: pagó impuestos sin cuestionar si eran justos o injustos y acató el veredicto del infame juicio que decretó Su condenación. Observamos esta actitud de obediencia en Su máxima expresión en el huerto de Getsemaní, cuando Jesús sabía ya que Su muerte estaba cercana y pide al Padre considerar librarlo de ese trago de dolor profundo. Lo hace con angustia indescriptible: *Y estando en agonía, oraba con mucho fervor; y su sudor se volvió como gruesas gotas de sangre, que caían sobre la tierra* (Lucas 22:44). Jesús había muerto a Sí mismo toda Su vida, se había negado a cumplir Su propia voluntad, pero la muerte física implicaba para Él no solamente dejar de respirar, sino soportar el peso del pecado de la humanidad. A pesar del dolor extremo, la oración de Getsemaní enfatiza: *pero no se haga mi voluntad, sino la tuya* (Lucas 22:42).

Sexto peldaño: Cruz

En este momento, si hemos podido acompañar imaginariamente a nuestro Señor en Su descenso, un escalofrío nos recorre el cuerpo y gruesas gotas de sangre se desprenden de nuestra frente. El último escalón está oculto de nuestra vista por una densa tiniebla. Nuestro pie no alcanza a tocarlo. Tendremos que saltar, arrojarnos en caída libre al abismo porque este peldaño está en la entrada misma del infierno. La cruz era el castigo reservado a un criminal, un lugar de tortura y vergüenza. Jesús experimentaría la muerte *y muerte de cruz*. ¿Por qué? Su misión era redimir al ser humano a través de Su sacrificio. La cruz es el tema central de las Escrituras. En el Antiguo Testamento, el sumo sacerdote ofrecía la sangre de un macho cabrío una vez cada año para perdón de pecados del pueblo. Su sangre derramada era llevada al Lugar Santísimo para ser rociada en el propiciatorio (Levítico 16:15-19), con lo cual eran cubiertas las faltas delante de Dios, temporalmente. La sangre de Cristo derramada en la cruz sería el sacrificio perfecto y definitivo para el perdón de nuestros pecados: *Pero cuando Cristo apareció como sumo sacerdote de los bienes futuros, a través de un mayor y más perfecto tabernáculo, no hecho con manos, es decir, no de esta creación, y no por medio de la sangre de machos cabríos y de becerros, sino por medio de su propia sangre, entró al Lugar Santísimo una vez para siempre, habiendo obtenido redención eterna* (Hebreos 9:11-12).

El pecado de toda la humanidad, simbólicamente, sería traspasado a Jesús. Con Su muerte pagaría el castigo que los pecadores merecíamos, saciaría la justicia divina. El costo, sin embargo, era altísimo. Cristo Se hizo maldición por nosotros para librarnos de la maldición *porque escrito está:* MALDITO TODO EL QUE CUELGA DE UN MADERO (Gálatas 3:13). Y en ese madero experimentó por primera vez la separación de Su Padre. Cuenta el Evangelio que clamó a gran voz: *Dios mío, Dios mío, ¿por qué me has abandonado?* (Mateo 27:46). En ese momento, cuando Dios le da la espalda, Él saborea el infierno en lugar nuestro.

Tocar el peldaño de la cruz era tocar el castigo, la maldición, el infierno mismo... pero también el amor: *Mas Él fue herido por nuestras transgresiones, molido por nuestras iniquidades. El castigo, por nuestra paz, cayó sobre Él, y por sus heridas hemos sido sanados* (Isaías 53:5).

Paradójicamente el peldaño de la cruz es al mismo tiempo, castigo y amor, muerte y semilla de vida. Dice el himno: "En la cruz, en la cruz, do primero vi la luz...". La nueva vida en Cristo es posible solamente por la cruz, la redención completa y eterna, la victoria sobre Satanás, el gozo y la vida abundante. Este último peldaño rompió la semilla, la deshizo por completo para que germine y dé fruto.

Hagamos un alto para recordar la invitación del que probó la cruz: *Si alguno quiere venir en pos de mí, niéguese a sí mismo, tome su cruz cada día y sígame. Porque el que quiera salvar su vida, la perderá, pero el que pierda su vida por causa de mí, ése la salvará* (Lucas 9:23-24). Hay un misterio maravilloso encerrado en estas palabras. ¿Cómo, al perder mi vida por causa de Jesús, la salvaré? No desesperes. La respuesta llegará en algún momento –clara, oportuna– a través de estas páginas y con la guía del Espíritu. Quizás la clave está en el siguiente peldaño. Para Jesús hubo un escalón más, después del último de Su descenso.

Séptimo peldaño: Exaltación

Después del sexto, ya no había a dónde descender. Jesús no hizo nada más. Siendo Dios se había hecho siervo, había tomado la forma de hombre, se había humillado a Sí mismo, había sido obediente hasta la muerte y había muerto en la cruz. Su descenso era absoluto, estaba completo. Y es ahí donde Dios –el Padre y el Espíritu– actúan: *Por lo cual Dios también le exaltó hasta lo sumo*. Dios lo asciende al más alto escalón, a lo sumo. Primero lo resucita de entre los muertos, luego lo recibe de regreso en el cielo y le da *el nombre que es sobre todo nombre, para que al nombre de Jesús SE DOBLE TODA RODILLA de los que están en el cielo, y en la tierra, y debajo de la tierra, y toda lengua confiese que Jesucristo es Señor, para gloria de Dios Padre.* Jesús no se exaltó a Sí mismo, no ascendió por Su cuenta, ni siquiera soñó en ascender. No existen peldaños en la escalera del Reino que conduzcan hacia arriba. Tampoco se trata de una escalera eléctrica que nos lleva hacia abajo aunque no queramos. Es una escalera por la que decidimos descender, damos los pasos voluntariamente, negándonos a nosotros mismos cada vez más, hasta que nos vemos en la necesidad de dar el último salto de fe, aunque sabemos que nuestra vida terminará para siempre. Ahí acaba nuestra tarea y empieza la de Dios. Al peldaño de la exaltación no se llega con esfuerzo, Dios nos conduce hasta él. Jesucristo fue exaltado hasta lo sumo, regresará en gloria y en poder, juzgará a las naciones, consolidará la victoria definitiva sobre la muerte y Satanás. El misterio del séptimo peldaño ha sido revelado en Jesucristo. No habrá excusa para los que, llamándose Sus seguidores, no quieran bajar por la escalera de la humillación. Además, cuando lo hacemos, Dios nos exalta: *Humillaos, pues, bajo la poderosa mano de Dios, para que Él os exalte a su debido tiempo* (1 Pedro 5:6).

A propósito, no diré mucho sobre nuestra exaltación porque no tiene nada que ver con la idea que tenemos de ser exaltado: premios, ovaciones, altos cargos, riquezas. ¡Nada tiene que ver con eso! No daré mayores explicaciones todavía porque si nuestra meta está en esa exaltación posterior, nunca estaremos listos para ningún descenso.

¿Dónde me encuentro?

¿Estamos dispuestos a seguir a Jesús en Su descenso? Decimos que somos ovejas del rebaño del Señor y quizás es porque estamos más preocupados de que Él me salve, me sane, me proteja, me provea, me defienda, me bendiga, me consuele, ¡meeee... meeeee! ¡Ovejas! Nos gusta estar sentados en los lugares celestiales con Cristo y ahí quedarnos eternamente para no lastimar nuestros pies, para no sufrir ni rompernos. ¿Dónde están los que se han negado a sí mismos para que germine la justicia, la no violencia, la paz? ¿Dónde están los que mueren por los pobres, los huérfanos o los presos? ¿Dónde está el esposo que renunció al machismo heredado de siglos y abandonó para siempre el maltrato con el poder del Espíritu? ¿Dónde está la esposa que se negó a sí misma y venció el irrespeto y el rencor? ¿Me estoy negando de alguna manera? ¿He muerto o sigo vivito y coleando con un enorme YO endurecido? ¿Alguien puede dar fe de mi muerte? ¿Alguna vida ha sido bendecida, multiplicada o rescatada por mi renuncia? ¿Algo ha cambiado en mi entorno? ¿Rechacé sobornos, me abstuve de mentir en el ejercicio de mi profesión? ¿Morí a mi deseo insaciable de ganar más dinero? ¿Perdoné a quien destrozó mi vida? Las preguntas son interminables, pero si los cristianos no hemos muerto con Cristo, tampoco estamos viviendo la vida abundante que prometió nuestro Maestro. Porque el que pierde su vida por causa

61

de Cristo, ese la salvará. Si no nos hemos roto como semillas no fructificaremos y el Reino de los Cielos no estará presente alrededor nuestro, dejaremos de ser la sal de la tierra y la luz del mundo.

Cabe aquí una palabra de advertencia: Esta tarea no es humana solamente, es resultado de la obra poderosa del Espíritu Santo en nuestra vida. Jesús le dijo a Sus discípulos: *Yo soy la vid, vosotros los sarmientos; el que permanece en mí y yo en él, ese da mucho fruto, porque separados de mí nada podéis hacer* (Juan 15:5). Entonces nos queda averiguar cómo podemos ser esas ramas unidas al tronco, cómo permanecer unidos a Cristo para dar el fruto que se espera de nosotros. Junto con esto, pedir que los ojos de Dios examinen nuestro corazón y nos muestren lo viejo que sobrevive en nuestro nuevo ser, para asfixiarlo con Su poder infinito.

Las verdaderas intenciones
de Dámaris

Quisiera regresar un momento a Argentina. Allí estaba esa Dámaris apasionada con su carrera en la música popular, que había escuchado toda la vida el evangelio y asistía sin falta a los cultos dominicales, que tenía un hogar cristiano, disfrutaba de cantar himnos, daba el diezmo y no hacía daño a nadie… ¡una linda hija de Dios! Pero cuando Dios la encuentra –como Él ve, más allá de la fachada, el corazón–, saca a limpio sus verdaderas intenciones:

> Dámaris quiere, por sobre todas las cosas, la admiración y el reconocimiento de la gente, su aplauso y devoción. Sueña con un enorme auditorio que grita su nombre y aclama el incomparable talento de su voz. No solo quiere la admiración del público sino todo el dinero que pueda obtener de él. Su meta es gustar tanto para volverse rica. Tener casas en la ciudad, en la playa y en el campo, además de dinero para satisfacer cualquier "buen" deseo (porque no quiere gastarlo en cosas malas como vicios) y muchas comodidades.

La Dámaris de Argentina estaba tan convencida de que podía llamarse cristiana y tener esos deseos que, sin vergüenza alguna, oraba a Dios todos los días, así: "Eres grande, el creador del cielo y de la tierra, para ti nada es imposible, no te estoy pidiendo mucho, tan solo dos cosas: rica y famosa. ¡Amén!".

¿Puedes reconocer la maldad de mis deseos o piensas –como yo pensaba– que eran anhelos legítimos, inofensivos y hasta loables? En el libro de Efesios dice que fuimos predestinados *para alabanza de la gloria de su gracia* (1:6), eso significa que el objetivo de nuestra vida es dar gloria a Dios, no buscar nuestra propia gloria, no llamar la atención hacia nosotros mismos ni buscar desesperadamente conseguir la admiración de todos. Mi mayor deseo en la vida no solo era malo sino perverso. Quería que mi nombre sonara en los gritos del público: "¡Dámaris, Dámaris!". No me importaba si el Nombre de Dios era mencionado, mucho menos si era alabado o engrandecido. Despertar el interés, la admiración y la devoción del público me llenaba de placer y se estaba convirtiendo en una especie de droga porque, una vez que probé su "delicia", quería más y más. Nunca me habría saciado, no me habría conformado con cierta cantidad de admiración: probar un poco implicaba desear más de lo mismo hasta morir de sobredosis.

Y algo parecido diré de mi deseo de ser rica. Jesús dijo: *Nadie puede servir a dos señores; porque o aborrecerá a uno y amará al otro, o se apegará a uno y despreciará al otro. No podéis servir a Dios y a las riquezas* (Mateo 6:24). Mi mente estaba enfocada en hacer buen dinero y en conseguir el bienestar que el dinero permite. Muchos dirán que no tiene nada de malo, pero Jesús me dice que sí lo tiene, que no puedo servir a Dios y a las riquezas al mismo tiempo. Él me pide buscar en primer lugar Su Reino y Su justicia y confiar en la provisión de Dios para mis necesidades materiales, y esas necesidades nada tienen que ver con lujos o excesos. Alimento, vestido y techo son el sustento suficiente. Los cristianos nos hemos dejado engañar por doctrinas falsas. He oído a muchos que dicen: "Dios no quiere que seamos pobres, Su voluntad es que seamos prósperos", y viven midiendo la bendición de Dios en la cantidad de propiedades que compran. Una doctrina completamente alejada de las enseñanzas de Jesús y Sus discípulos, pero eso es tema de otro libro. Por ahora, tan solo quiero que entiendas que mi deseo de ser rica me alejaba sutilmente del propósito de Dios para mi vida, desviaba mi mirada de lo más importante: el Reino de Dios y Su justicia.

Esos deseos míos eran iguales a los de toda persona no creyente porque son deseos de nuestra naturaleza humana caída. En este aspecto, en nada se diferenciaba mi corazón al de una persona mundana. Entonces Dios me reprende y me convenzo (aunque estaba equivocada) de que a Él no le gustan las canciones románticas ni los ritmos pegajosos y por eso me exigía dejar mi carrera musical en el mundo para iniciar otra en el mercado cristiano. Pretendo enfocarme en la música de iglesia, pero fracaso en mi primer intento, y Dios me muestra que los deseos de mi corazón estaban intactos: admiración del público, dinero y fama. Me revela mi ACTITUD y me confronta con la ACTITUD de Cristo Jesús en el pasaje de Filipenses, me muestra esta perturbadora escalera descendente a la que nos invita el Maestro. Y por fin entiendo a qué clase de muerte me llamaba.

Debía morir a mis deseos más preciados y estar dispuesta a obedecer a Dios en lo que fuera. El primer susurro de Su voluntad me desilusionó. Era algo tan opaco, algo que parecía obvio y sin ninguna importancia. No era una gran misión como la que encargó a Su Hijo: redimir al mundo, sino una tarea poco vistosa por la que nadie daría ni un quinto: ser mejor esposa, madre y mejor hermana en la iglesia.

¡Pffffff! Estaba visto que la nueva Dámaris no brillaría jamás. En mi cielo soñado moría para siempre la estrella que quise ser. Empecé a despedirme de mí. ▪▭

Un nuevo *jingle*:
¡Lee la Biblia!

¿Por qué tuve que vivir 33 años de vida cristiana antes de darme cuenta de la profundidad, urgencia y relevancia de la invitación de Cristo a "tomar mi cruz cada día"? ¿Cómo fue posible haber sido criada en el evangelio desde que nací y tener los sueños que tenía? La razón es que no vivía en las Escrituras. Me encantaba oír un buen mensaje el domingo y gran parte de mi vida los oía también entre semana porque literalmente vivía dentro de la iglesia, pero la lectura de la Biblia no era uno de mis hábitos. Me gustaba, como a muchos otros cristianos, leer versículos sueltos, de esos que recuerdan promesas de Dios y dan ánimo en momentos de tristeza. Nunca me había leído un libro entero de la Biblia, de corrido. Con esta costumbre era fácil "hacer decir" a la Biblia lo que sea. Sacar un texto fuera de su contexto ¡para inventar pretextos!

Cuando tenía 21 años –me muero de la vergüenza, pero voy a contarlo– me enamoré de un joven muy maduro… ¡de 14 años! ¿Te estás riendo? Pero sabía conducir, se veía como un hombre alto y apuesto, no como un adolescente. Estaba loca por él y, como quería sentirme apoyada por Dios en esta locura, encontré un versículo en Habacuc que, según yo, me daba luz verde para continuar con esta relación tan particular: *Aunque la visión tardará aún por un tiempo, mas se apresura hacia el fin, y no mentirá; aunque tardare, espéralo, porque sin duda vendrá, no tardará* (Habacuc 2:3, RVR1960). ¡Qué maravilla! ¡Dios me estaba diciendo que lo espere! El texto era clarísimo, me revelaba que, aunque este jovencito tardare, lo espere porque sin duda vendrá. Algún día cumpliría 21 años él también (para ese tiempo yo ya tendría 28, claro) ¡y nuestro amor se realizaría por promesa divina!

¿En verdad decía semejante barbaridad el texto bíblico? ¿Por qué te ríes así? ¡Tú también lo has hecho! Hemos hecho decir a la Biblia lo que hemos querido. Buscamos versículos que confirmen lo que queremos hacer o lo que pensamos, pero no es así como funciona. A veces abrimos las Escrituras para encontrar la respuesta para algo específico como: "¿Debo casarme con Pepito?" o "¿debo mudarme a Jipijapa, Ecuador?". Ahí no vamos a hallar la respuesta concreta a este tipo de inquietudes. Ahí están los valores, principios, leyes, historias, enseñanzas que nos vuelven sabios para vivir cada desafío con la guía divina.

Por lo tanto, debemos ser cuidadosos al leer e interpretar las Escrituras. Antes de sacar conclusiones equivocadas, asegurémonos de leer no solamente el versículo sino el pasaje completo, entendiendo a qué libro de la Biblia pertenece, quién es su autor, en qué época y circunstancia se escribió (esa información viene incluida en la mayoría de las Biblias de estudio, disponibles en las librerías cristianas). Es importante y urgente que desarrollemos el hábito diario de la lectura de la Biblia, de lo contrario nos volvemos personas impresionables, fáciles de engañar o persuadir por las falsas doctrinas, los falsos maestros, las filosofías del mundo y los deseos de nuestra carne.

Es importante que vivamos en este libro bendito o que este libro viva en nosotros: *Que la palabra de Cristo habite en abundancia en vosotros*, dice el libro de Colosenses (3:16). Leemos en la Segunda Carta a Timoteo: *Toda Escritura es inspirada por Dios y útil para enseñar, para reprender, para corregir, para instruir en justicia, a fin de que el hombre* (y la mujer) *de Dios sea perfecto, equipado para toda buena obra* (2 Timoteo 3:16,17). Es común que en nosotros habiten en abundancia otras cosas: las noticias diarias, las telenovelas, el horóscopo…

Hace algunos años tomé la decisión de seguir esos programas de lectura de la Biblia en un año. Descubrí que necesitaba tan solo quince minutos al día para terminar de leer desde el Génesis hasta el Apocalipsis, los 66 libros de la Biblia en un año. ¡Quince minutos! Piérdete la primera parte del noticiero o lo que sea que acostumbras ver y tendrás el tiempo necesario para iniciar tu plan de lectura bíblica.

El primer año terminé mi lectura de la Biblia y ¿sabes lo que hice el año próximo? Comencé de nuevo. Lo he hecho junto con mi esposo por años, vez tras vez, y este año decidí leerla dos veces: de enero a junio en inglés y de julio a diciembre en español. ¿Por qué? La Biblia es el espejo donde me miro y descubro si tengo una arruga en el alma. Es la fuente donde bebe mi fe y crece. Allí Dios me enseña, me reprende y me corrige: no solo me señala lo mal que estoy sino que me explica cómo permanecer en lo correcto. Encuentro las armas para luchar contra Satanás, el mundo y mi propio yo. Por eso tengo ahora un nuevo *jingle* que lo canto en toda conferencia o prédica: ¡Lee la Biblia!

Ese es mi nuevo comercial. Vive en las Escrituras. Deja cualquier pretexto. No digas: "No entiendo" porque el Espíritu de Dios te ayudará a comprender la Verdad. •▬◄

Cristianismo 101

Quisiera dedicar estas páginas a repasar ciertas verdades básicas de la fe cristiana que quizás para muchos sean principios sabidos de memoria, masticados tantas veces que han perdido ya el sabor. O podría sucederles como a los cirujanos que hacen intervenciones complicadísimas en el cerebro o el corazón, pero han olvidado cómo proceder en una apendicitis, la más básica y común de las cirugías.

La cruz es central en las Escrituras, así como en la vida del cristiano. Me gustaría que, por un tiempo, podamos contemplarla sobre el Monte Calvario, desde todos los ángulos posibles: al pie de la cruz, desde arriba, estando en ella, desde el monte de enfrente, desde el pasado y el futuro… Ojalá que al hacerlo, renazca nuestro primer amor y vuelvan a brotarnos lágrimas de gratitud, gozo y esperanza por lo que ella significa en la historia de la humanidad.

Leemos en la Primera Carta a los Corintios:

Porque la palabra de la cruz es necedad para los que se pierden, pero para nosotros los salvos es poder de Dios (1 Corintios 1:18).

Otra versión dice: "Porque la palabra de la cruz es locura". Algunos pensarán que estamos locos por creer en todo lo que rodea a la cruz, pero ya veremos por qué el mensaje de la cruz es poder.

71

En la cruz sucedió nuestra **redención**, el pago de nuestro rescate. Los cristianos decimos: "Fuimos comprados", y a veces me preguntan: "¿Cómo que fuiste comprada, estabas en venta?". No estábamos en venta, pero éramos esclavos. No me refiero a la esclavitud que aparentemente terminó hace muchos años, sino al tipo de esclavitud que está vigente para algunas personas: la esclavitud al pecado. Somos esclavos del pecar. Significa que no podemos evitar pecar, es lo que hacemos normalmente o naturalmente. Recuerdas esa vieja canción de Larry Sparks que dice: "*Cause I love you, It's the natural thing to do*" (Porque te amo, es lo más natural que puedo hacer). ¡Lo más natural que hacemos es pecar! Es lo que hacemos sin equivocarnos. Perfectamente, desde que nacimos.

Hay quienes piensan que como me formé en un hogar cristiano, con ambos padres en el ministerio y mi abuelo pastor, no conozco el mal, pero se equivocan. Cuando era jovencita, en la escuela secundaria, era la peor estudiante del mundo de todos los tiempos. No hacía mis tareas a pesar de haberme prometido tantas veces que sería mejor, que sacaría "A" en los exámenes. Debo haber sido un poco inteligente porque conseguí mis diplomas *Regents* (que otorga el Estado de Nueva York a los estudiantes que aprueban los exámenes estandarizados) en todas las materias. Pasé con 67 puntos cuando la nota mínima ¡era de 65! Terrible estudiante. Fui criada con extremos cuidados, mi madre no nos dejaba salir a jugar en la calle, no estuve en drogas o alcohol, no dormía por ahí con chicos (si lo hubiera hecho, mis padres me habrían sentenciado al castigo capital, como en el Antiguo Testamento, ¡me habrían matado!). Digo esto para explicar que incluso en mi mundo –que, según algunos piensan, no era tan malo–, aun en mi burbuja rosa yo NO PODÍA hacer lo bueno. Quería hacerlo, pero no podía.

Nunca cometamos el error de comparar entre un pecado y otro, juzgándolos peores o mejores: "Este hombre golpea a sus hijos, eso sí que es realmente malo; y este otro mató a sangre fría, que es malísimo; y esa mujer se suicidó que es malisisisísimo". Ante Dios no hay distinciones de este tipo. No entendemos que Dios es santo y esa santidad no admite ningún grado de maldad. Lo cierto es que nadie puede hacer lo correcto por cuenta propia. Aun siendo la jovencita que fui, conocí la oscuridad, como todos, y necesitaba de la redención que sucedió en la cruz.

Pero experimenté situaciones más oscuras en mi vida, por supuesto. Quiero contarte una en especial porque es bastante común, pero suele pasarse por alto en las oraciones de confesión nocturnas. Casi nadie pide perdón por este pecado. Prepárate una taza de té y siéntate en el sofá porque te lo contaré todo si prometes guardarme el secreto.

Me casé con el mejor hombre del mundo, Rod, siempre lo digo (y te recuerdo, si estás orando por un esposo, el mejor, debes cambiar tu oración por "el segundo mejor" porque al mejor ya lo tengo yo), nos conocimos en el 79 y nos casamos en el 80. Cuando me casé, me mudé a Carolina del Norte porque ahí trabajaba mi esposo para un programa de televisión llamado *El Club PTL* –de vez en cuando, me invitaban a cantar en ese programa, así fue como nos conocimos–. Al llegar a ese nuevo mundo, sin mi familia y circunstancias desconocidas a mi alrededor, sentí una profunda inseguridad. La primera vez que visité a Rod en su trabajo vi cómo todas esas americanitas lindas que trabajaban con él lo saludaban: "Hola, Rod, ¿dónde está mi abrazo?". ¡¿Qué, qué?! ¿Tu abrazo? No lo hice, pero ¡quería caerles encima! No sé si tú fuiste criada así, pero mi mamá me decía: "Cuando saludes a un hombre, le extiendes la mano, le dices 'que Dios te bendiga', pero eso del 'toqui-toqui-toqui', no, no, no". No le gustaba que tuviera mucho contacto físico con los chicos. Imagínate cómo me sentía al ver a mi Rod toqueteado por sus colegas con besos y abrazos… ¡de rutina! Me dio un ataque de celos que, poco a poco, se convirtió en obsesión. Mis ojos lo veían con sospecha y perseguían a toda mujer bonita a la redonda. Si tú eras linda, automáticamente me caías mal, te veía como una amenaza y me entraban ganas de arrancarte los pelos. Mi obsesión llegó a tal punto que si Rod bebía agua y miraba su vaso más de dos minutos, ¡yo juraba que una mujer estaba nadando ahí adentro! Por las noches soñaba que mi esposo me era infiel, y cuando despertaba y me daba cuenta de que era un sueño, aun así me enojaba con Rod. Los celos me controlaron tanto que me asusté y entendí que necesitaba ayuda.

Busqué a una consejera cristiana y le confesé que sentía celos enfermizos, a pesar de que mi esposo no me había dado motivos –él nunca había sido infiel ni mujeriego–, todo lo contrario, era buenísimo. Ella me miró y dijo: "Dámaris, te reprendo. Es obvio que no vives según las enseñanzas de la Palabra de Dios porque si lo hicieras, no tendrías estos pensamientos ni sentirías lo que sientes. La próxima vez que despiertes con estos sueños sucios, arrodíllate y pídele al Señor que, aunque no tienes control de lo que sueñas, te perdone y limpie tu mente. Y si vuelves a ver a una mujer bonita y sientes celos de ella, arrepiéntete y pídele perdón a Dios".

Fue suficiente. Nunca había considerado que los celos míos ofendían al Señor. Eran un pecado contra Dios, y mi problema no se solucionaría evitando que mi esposo viera a esas mujeres, controlándolo estrictamente o escogiendo yo misma sus amistades o revisando su teléfono o con interrogatorios diarios o promesas infinitas… ¡no! Mi problema se solucionaría en la cruz de Cristo. El precio que Él pagó en ella me haría libre de mi esclavitud a los celos. Esta es la locura de la cruz: Jesús, el justo, quien no tenía ninguna deuda de pecado, el que nada debía a Dios, paga mi rescate con el precio de Su sangre.

Para borrar mi ofensa a Dios y ser considerada justa delante de Él debía llevar mis celos a la cruz, entendiendo que el castigo de ese pecado –así como el de toda otra forma de maldad– fue pagado por Jesucristo y que, además, Su poder limpiaría por completo mi alma.

> Venid ahora, y razonemos —dice el Señor— aunque vuestros pecados sean como la grana, como la nieve serán emblanquecidos; aunque sean rojos como el carmesí, como blanca lana quedarán (Isaías 1:18).

Ahora, mientras escribo estas palabras, soy una mujer ciento por ciento perdonada, incluso de las cosas que no recuerdo haber cometido, y la invitación de Dios está abierta para todo el que necesite perdón. Todo ser humano ha ofendido a Dios de alguna manera. ¿Cuántos de los mandamientos hemos roto? ¿Hemos usado el nombre de Dios en vano? ¿Hemos mentido? ¿Hemos dudado de la existencia de Dios o de que Él haya creado el universo? ¿Hemos sido egoístas y orgullosos? No importa qué hayamos hecho, todos hemos fallado a Dios y todos necesitamos la cruz. La Biblia dice que nuestro pecado rompió nuestra relación con Dios. Él y nosotros estábamos "de enemiguitos", no nos dirigíamos la palabra...

> Pero Dios demuestra su amor para con nosotros, en que siendo aún pecadores, Cristo murió por nosotros (Romanos 5:8).

Así que Él dio el primer paso para que volviéramos a hablarnos. A Dios le interesó primero nuestra **reconciliación**. Para comprender mejor lo que dice el versículo, imagina a alguien que te haya hecho algo realmente malo y tú decides acercarte a esa persona para decirle que ya no quieres estar más tiempo sin hablarle y que deseas que sean amigos de nuevo. Pero tú no fuiste quien hizo mal sino la otra persona. Lo más lógico sería esperar que ella se acerque a ti, que ella te busque. Jesús no esperó a que nosotros nos acerquemos y digamos: "Jesús, lo siento mucho, perdóname". Él sabía que por la gracia de Dios, unos cuantos, algún día, reconoceríamos que ofendimos a Dios, pero era necesario dar el primer paso para otorgarnos el perdón. Esta es la locura de la cruz: El Ser ofendido busca al ofensor para reconciliarse con él.

Cuando ocurre el milagro de la restauración de nuestra relación con Dios –que estaba rota por el pecado– Él no vuelve a recordar el mal que cometimos. Nunca más. No es como la esposa resentida que saca la lista interminable de los males del marido cuando se enojan. No. La Biblia dice que tan lejos como está el oriente del occidente, así alejó de nosotros nuestras faltas (Salmos 103:12). Su perdón es perfecto:

> Yo, yo soy el que borro tus transgresiones por amor a mí mismo, y no recordaré tus pecados (Isaías 43:25).

Dios jamás usará en contra nuestra una falta que ya fue perdonada. Nunca nos acusará por ese mal si hemos sido lavados por la sangre del Hijo de Dios. Por más horrible que sea nuestro pecado, hay una sola forma de librarnos de él y ser limpios: la sangre de Cristo.

Pero esta verdad es locura para la mayoría. Si yo dijera a toda esa gente que va al centro comercial, que Dios quiere perdonarles, hacerles justos para que puedan acercarse a ÉL, me dirían que perdí un tornillo. Sin embargo, es cierto y es un mensaje urgente. La Carta a los Hebreos lo expone así:

> Entonces, hermanos, puesto que tenemos confianza para entrar al Lugar Santísimo por la sangre de Jesús, por un camino nuevo y vivo que Él inauguró para nosotros por medio del velo, es decir, su carne... acerquémonos con corazón sincero... (Hebreos 10:19-22).

Cuando Jesús murió en la cruz, el velo del templo de Jerusalén se rompió. Este velo era una hermosa obra de arte textil de varios metros de largo y unos diez centímetros de espesor (el historiador judío Flavio Josefo dice que aun a dos caballos atados a cada uno de sus extremos, les era imposible rasgarlo). El velo separaba el Lugar Santo (donde habitaban los hombres) del Lugar Santísimo (el lugar terrenal donde residía la presencia de Dios). Esto significaba que el hombre estaba separado de Dios por el pecado. Solamente el Sumo Sacerdote entraba en el Lugar Santísimo una vez al año para hacer el sacrificio para perdón de pecados del pueblo. Cuando Jesús muere, el velo se rompe: *Entonces Jesús, clamando otra vez a gran voz, exhaló el espíritu. Y he aquí, el velo del templo se rasgó en dos, de arriba abajo...* (Mateo 27:50,51). Su carne partida y Su sangre derramada eliminan la separación entre Dios y los hombres, la entrada al Lugar Santísimo está abierta para todo aquel que acepte el sacrificio de Jesús perfecto y suficiente para el perdón de pecados.

Dios quiere que todos tengamos una relación con Él, pero eso ocurre solamente cuando entendemos que no somos dignos, que no hay justicia en nosotros y que Él quiere hacernos justos. Jesús hizo lo necesario para hacernos justos, lo hizo todo. Nos queda reconocer que necesitamos ser hechos justos y recibir lo que solamente Dios puede darnos: el perdón por medio de la sangre de Cristo derramada. ¿Es tan simple estar bien con Dios? Lo único que debemos hacer es creer. Pero no es simple. Un acontecimiento con repercusiones cósmicas sucedió en el Calvario. La obra de Cristo no fue simple y creer no es simple. Lo natural es no creer. El momento de la conversión se produce por GRACIA divina, por la acción de Su poder incomprensible y glorioso. Si no has creído antes, que Dios mismo te convenza –solamente Su Espíritu convence–, te regale la fe para creer. Entonces serás de Él y empezarás a caminar a Su lado. Un cristiano es una persona que cree en la obra de Jesús, y esa verdad es poder de Dios para los que creemos.

Ese poder nos transforma. Ahora, cuando veo a una mujer hermosa, ya no me siento insegura ni amenazada. Si eres bonita, ya puedo amarte, y soy capaz de decirle a mi esposo: "Mira a esa mujer, es preciosa". Dios me cambió, sanó esa área oscura de mí. Acepté que Él me hizo como soy y no tengo que ser Sophia Loren ni Angelina Jolie, sino que debo ser lo que Dios me llamó a ser. Él me ama. Este es el poder de Dios que se desprende de la locura de la cruz.

Por un momento hemos mirado hacia el madero, de lejos, desde la comodidad de un sillón del siglo XXI, con nuestra natural actitud escéptica, quizás conmovidos por este drama celestial y terrenal. Muchas personas prefieren quedarse ahí, como espectadoras comiendo palomitas de maíz hasta que la trompeta final anuncie el desenlace. Pero otras se acercan, llegan al pie de la cruz con su carga pesada porque les han dicho que allí hallarán descanso, que el Crucificado llevará sus dolores, y tan solo unas pocas logran ver la realidad con Sus brazos horizontales clavados y Sus pies en posición vertical, desde la misma cruz, compartiendo la muerte de Cristo. ◦⊨

Desde la misma cruz

El apóstol Pablo expresa su posición en relación a la cruz, de esta manera:

> Con Cristo he sido crucificado, y ya no soy yo el que vive, sino que Cristo vive en mí; y la vida que ahora vivo en la carne, la vivo por fe en el Hijo de Dios, el cual me amó y se entregó a sí mismo por mí (Gálatas 2:20).

¿Dónde te encuentras en el caminar cristiano? ¿Te has quedado al pie de la cruz, lavado por la sangre del Cordero, rescatado y reconciliado con Dios? ¿Has entendido que ahí no termina el mensaje del evangelio? ¿Probaste en carne propia los clavos de la negación de ti mismo, de tu propia crucifixión?

He oído decir que solamente quienes quieren convertirse en discípulos de Jesús –aun en nuestra época– aceptan este llamado más exigente. "Los demás son salvos, pero no son discípulos", enseñan por ahí. Estoy convencida de que ninguna persona verdaderamente salva puede quedarse mirando la cruz desde lejos o acercarse a ella solo para beneficiarse de sus inmensas bendiciones. Quien haya sido salvado por gracia, recibió también el Espíritu Santo y, con Él, un Ayudador incansable en la tarea de morir al yo para que la nueva vida sea posible. No hay "niveles de llamado" en el cristianismo: "Yo solamente acepté un poquito del mensaje, la primera parte". La invitación de Cristo a creer en Él implica todo lo demás. Estamos o no estamos en la fe cristiana. Somos o no somos. Es cierto que no alcanzaremos la perfección en esta tierra, pero también es cierto que no hay estancamientos perpetuos. La invitación es para todos. ¿Estás en la cruz?

Algunos dicen que aman a Dios a su manera, pero no se puede, hay que hacerlo a la manera de Jesús: *niéguese a sí mismo, tome su cruz —muera— y sígame* (Lucas 9:23). Porque cuando lo haces, experimentas la vida que Jesús ofrece, Él dijo: *He venido para que tengan vida, y para que la tengan en abundancia* (Juan 10:10).

Antes de mi experiencia en Argentina, yo vivía llena de mí misma, persiguiendo mis propios deseos, abrumada con la imagen de mí, llenando un pozo sin fondo. Eso iba a matarme porque cuando alcanzaba un poco de lo que quería, el deseo se hacía mayor, nunca me sentía completa. Si alcanzaba algo de riqueza, crecía un anhelo desesperado de más riqueza. La insatisfacción era el único premio por cumplir mi voluntad. Corría tras el viento, era dueña del vacío. Pero recibo un llamado a la negación, a la renuncia y a la muerte PARA VIDA: *El que pierda su vida por causa de mí, ése la salvará* (Lucas 9:24). En ese momento no entiendo cómo puede ser este un llamado de vida y decido seguir a Jesús, por fe, hasta Su cruz. No te contaré todavía lo que pasó después conmigo porque quisiera que tomes un tiempo para considerar dónde estás tú.

"Dámaris, no entiendes, yo necesito un esposo. Le he pedido tanto a Dios y no me lo ha dado", me dijo una hermana que vivía obsesionada por conseguir marido. En toda reunión de oración presentaba su necesidad, visitaba a consejeros cristianos, oía sermones sobre cómo atrapar a un siervo de Dios, creaba perfiles en las redes sociales anunciando su disponibilidad, ayunaba dos veces por semana para conseguir un hombre... Eso no es vida. Dios sabe lo que necesitas y Él no te negará ninguna cosa buena. Pero si quieres seguir a Cristo, tu oración debería ser: "Señor, sabes que desesperadamente quiero casarme, eso es lo que deseo más que nada. Ahora veo que he vivido para cumplir mi deseo, mi voluntad. Ya no quiero hacerlo más. Necesito morir a mi obsesión por un esposo. Renuncio a lo que yo quiero. Confieso que no es indispensable un esposo para ser feliz. Tú eres suficiente. Quiero que seas mi todo. Que se haga Tu voluntad y no la mía".

Una de las mentiras más grande que Satanás, el enemigo de Dios, pone en nuestra mente es que no podemos vivir sin esa cosa que queremos tanto. Es la estrategia que usa para evitar que tengamos la vida verdadera.

"Yo solo quiero un bebé". Eso piden muchos. Dios no retendrá ninguna cosa buena. Si no te la ha dado, hay un propósito para cada desilusión que a veces consideramos injusta. La Biblia dice: "*Para los que aman a Dios, todas las cosas cooperan para bien*" (Romanos 8:28). Así que, si Dios no te ha dado algo, es por tu bien, y cualquier sufrimiento que Él permita también es para tu bien.

Una mujer que recibió a Cristo oraba con su consejera y, de repente, en medio de su gozo y agradecimiento por ser salva, dijo: "¡Oh no... no puedo divorciarme!". Dios le reveló en ese mismo momento que sus planes de solicitar el divorcio no estaban en Su voluntad. Su marido no la golpeaba, pero tenía un carácter horrible. Pedía las cosas dando órdenes, era muy duro. La consejera recomendó a la mujer que cuando su esposo vuelva a ordenarle algo como: "Dame una taza de café", imagine que es Jesús quien se la pide. ¿No haríamos gustosos una taza de café para Él? Podía renunciar a su deseo de separación por causa de Cristo.

Por favor, este consejo no se aplica cuando existe abuso físico o sicológico. Si hay abuso físico, nuestro deber es llamar a la policía. No es correcto tolerar el abuso físico, en ninguna circunstancia. Tampoco es aceptable el abuso sicológico. Si tu esposo, aun sin violencia física, te aterroriza o no te permite vivir en paz, puedes separarte. Pídele a Dios sabiduría. Esta no era la situación de la mujer de la que estamos hablando. Su esposo era un ogro, una persona odiosa y ella quería librarse de él, pero en este caso, valía la pena pensar que, por causa de Jesús, la esposa podía hacer la taza de café y dársela. Así ella moría a la posibilidad de decirle: "Hazla tú". Eso era lo natural, pero Jesús nos dice: "Niégate a ti mismo".

Nos gusta pelear nuestra pequeña batalla o soñar nuestro pequeño sueño. Las batallas de Dios y los sueños de Dios no nos interesan. No sabemos que al ignorarlos, perdemos la vida. Vivimos consumidos por nosotros mismos. ¿Son los negocios los que te apasionan tanto que mueres por ellos? No importa qué, la invitación consiste en negarte, en morir, entregarlo todo, incluso aquello que pensamos que no.

En ocasiones, es preciso renunciar a un problema que ha llegado a convertirse en un ídolo. ¿Un ídolo? ¿No sería eso algo que adoramos, como el dinero, una persona o una imagen de barro? Si un problema llega a ser lo que determina tus acciones y sentimientos a diario, entonces se ha vuelto tu mandamás. Si ese problema te paraliza de pánico o te enciende en ira a cada momento, ya no sirves a Dios sino a esta circunstancia. Entonces es hora de negarte a ti mismo. No tienes el control, no luches por tenerlo, entrégalo. Durante ocho años sufrí por un problema que atravesaba una persona muy querida y cercana. Vivía atada a él. Me causó tanto dolor que un día decidí que ya no quería mi vida. Anhelé morir físicamente. Muchas personas que enfrentan depresiones intensas también han deseado la muerte. Sabía que era incorrecto cometer suicidio, así que no me quitaría la vida, pero le dije al Señor: "Tú puedes hacerlo, llévame Contigo, quítame la vida de una vez". Habíamos orado incansablemente con mi esposo por esa situación específica durante tanto tiempo, pero no se resolvía, no había ningún cambio. Yo estaba enojada, me fui a la cama y dije que no volvería a levantarme ni a vestirme, que no comería nunca más y que tendrían que llevarme de la cama al hospital porque iba a morir. Luego de varias horas, Rod entró en mi habitación y me dijo: "Vamos a comer algo". Le dije: "No sé qué hacer, ¿tomo un baño o me visto?". Él me dijo qué hacer, como si fuera una niña y yo obedecí. Comí una sopa y, de pronto, desperté y dije: "Diablo, tú has atacado a alguien que amo tanto y ahora me desanimas para que me rinda y ya no quiera correr la carrera que tengo por delante ni tenga mis ojos puestos en Jesús. Sé lo que haces ¡y puedes irte al infierno!". (A Satanás es al único que puedes decirle bíblicamente '¡vete al infierno!'.[a] Todavía él no está ahí, por eso sigue haciendo de las suyas y tiene el permiso de Dios para tentar. Todavía no está atado, pero podemos resistirlo. Tenemos una armadura y contamos con la sangre de Jesús para luchar contra sus dardos de fuego). Y seguí diciéndole: "No me vencerás porque pertenezco a Jesús, Él me compró. Aunque la persona que amo me cause tan intenso dolor, muero a mi problema, renuncio a estar al servicio de esa circunstancia, yo serviré al Señor, le alabaré y confiaré en Él. ¡Déjame en paz!". Y me dejó. Al renunciar a tener el control sobre ese conflicto, al dejar mi ansiedad, pude vivir la vida que Cristo quería para mí. El problema podía seguir presente, pero mi estado de ánimo, mi ser entero ya no dependía de él. Volvió mi alegría, se renovó mi esperanza en Dios.

¿Te has aferrado así a algún sufrimiento?: "Quiero que mi esposo deje el alcohol, que mi hijo sane de cáncer, que mi jefa no me atormente más, que Juana salga de la cárcel…". Renuncia a lo que quieres. Aunque tu deseo sea bueno en sí, puede haberse convertido en un ídolo. La Biblia dice que Dios derribará cada altar que

---

a Maldecir al diablo no es recomendado por la Escritura: Judas 1:9. Pero, como lo hizo el ángel, puedes decirle "El Señor te reprenda".

levantemos. Si no renunciamos a él, Dios lo destruirá y cuando un ídolo cae, caemos con él.

Esta invitación de Cristo a morir no ocurre una sola vez. En mi experiencia personal viví una gran muerte, la primera (la renuncia al sueño de mi vida), donde mi actitud cambió imitando la de Jesús (en su escalera descendente de Filipenses 2:5-11), pero luego viví pequeñas muertes necesarias para el crecimiento en la vida cristiana. Hace poco, oí una explicación sobre las células cancerígenas que ilustra nuestra condición cuando no estamos dispuestos a tomar la cruz: la célula con cáncer no muere y, al no morir, mata todo, mientras que una célula saludable sigue el proceso natural de morir para que una célula nueva venga en su lugar. Así mismo es el cáncer de no morir a mí: causa que yo misma me consuma, que carcoma mi propia vida.

El apóstol Pablo escribió el texto citado al inicio de esta sección: *"Con Cristo he sido crucificado, y ya no soy yo el que vive, sino que Cristo vive en mí…"*. Este incomparable seguidor de Jesús entendió verdaderamente lo que quería decir morir a sí mismo. Antes de su conversión, fue un perseguidor de la Iglesia (conocido como Saulo de Tarso), creía que los discípulos eran enemigos peligrosos para la fe judía, así que arrestaba a todos los que estuvieran en ese grupo denominado "Los del camino" (los cristianos del primer siglo). Fue testigo presencial cuando apedrearon a Esteban, un diácono de la Iglesia, y celebró su muerte. De sí mismo dice Pablo: *"Porque yo soy el más insignificante de los apóstoles, que no soy digno de ser llamado apóstol, pues perseguí a la iglesia de Dios"* (1 Corintios 15:9). Incluso el día en que fue salvo, se dirigía a Damasco a perseguir más cristianos, cuando una voz del cielo le habló: *"Saulo, Saulo, ¿por qué me persigues?… Yo soy Jesús a quien tú persigues…"* (Hechos 9:4,5). En ese instante entendió lo equivocado que estaba. Reconoció que verdaderamente Jesús era Quien había dicho ser, el Hijo de Dios, y recibió la orden de seguir su camino a Damasco para encontrarse con un discípulo llamado Ananías, quien le ayudaría en sus primeros pasos de la nueva vida en Cristo. Ananías sería el encargado de llevar las buenas nuevas a este recién convertido: él le impondría las manos para que recibiera el Espíritu Santo, pero además, le comunicaría otras noticias. Mira lo que Dios le dice a Ananías: *Ve* (a ver a Saulo) *porque él me es un instrumento escogido, para llevar mi nombre en presencia de los gentiles, de los reyes y de los hijos de Israel; porque yo le mostraré cuánto debe padecer por mi nombre.* (Hechos 9:15,16).

¡Bienvenido al club, Saulo! Cuando tienes un encuentro real con Jesús, te despides de lo que quieres y hay en eso un padecimiento. Saulo de Tarso (que después se llamó Pablo) se despidió de su más ardiente pasión: defender la fe y las tradiciones judías para saludar y dar la bienvenida a una nueva misión: llevar el Nombre de Jesús a las naciones, y para vivir la vida de Cristo, padeciendo por Su Nombre.

¿Alguien alguna vez te mostró "cuánto debes padecer por el Nombre de Jesús"? No tengas miedo, si ahora puedes decir "con Cristo he sido crucificado", recuerda que Él no solo murió, sino que también resucitó, fue glorificado y exaltado. Si ya has podido identificar eso a lo que debes morir, haz la oración de Getsemaní: "Dios, no quiero hacerlo, pero no se haga mi voluntad sino la Tuya". Fue el pedido angustioso de Jesús antes de ir a la cruz. Y es porque Él murió a lo que quería, a Su propio ser, que hoy somos salvos, rescatados y reconciliados con Dios. Te invito a morir porque cuando mueres a ti mismo, verdaderamente empiezas a vivir. Suena como algo absurdo, pero aquello por lo que te afanas tanto nunca te dará satisfacción. Cuando consigues lo que anhelas tan solo atrapas el viento. Lo que piensas que te hará tan feliz y que te impide responder a la invitación de Cristo, eso te traerá muerte.

Goodbye to Me

Una canción del autor David Robertson, _Goodbye to Me_, que la canto frecuentemente en mis conferencias y está grabada en mi álbum titulado _Walk with Me_, ha sido de gran inspiración para quienes han oído el perturbador llamado de Jesucristo. Transcribiré su letra original, en inglés, y una traducción en prosa, lo más aproximada a su sentir inicial. El arte habla al espíritu y me gustaría que estas palabras limpien las telarañas, rompan las ataduras y traspasen los muros —si acaso los hay— que te impidan arrojarte al vacío de la fe.

GOODBYE TO ME

Lord, I want to be a servant of the King
And I want my life to be inspired
by all You bring

But for this I must die
And sometimes it's hard to understand
the reasons why

Isn't there some way
I can save a piece of me?
Isn't there somehow
You can take this cup from me?

Lord, I hear You whispering that
this is how it has to be
But, my God, it's awfully hard
to say goodbye to me

(Chorus)

Hold me close as I say goodbye to me
Let my heart know that you are all I need
I'll stay right here on my knees
Until I have the strength
to say goodbye to me

'Cause I'm tired of livin'
somewhere in between
My love for you and my love for me
So take whatever's left of me
I sacrifice it, Lord, to Thee

Goodbye to Me

Help me cast down every idol that I've built
Lord, and lay them all where
Calvary's blood was spilt

There where You sacrificed
Yourself for me
Now it's my turn, Lord, to die for Thee

Goodbye, goodbye, goodbye to me. •◄

ADIÓS A MÍ

Dios quisiera ser un siervo de Ti, Rey,
  Y quiero inspirar mi vida toda,
    Y todo en Ti,

Más para eso he de morir,
  Y cuán difícil es de comprender
    ¿Por qué es así?

¿No habrá manera
  De salvar algo de mí?
    ¿No habrá una forma
      De que lo hagas Tú por mi?

Y susurrar te escucho,
  Que esta es la forma que ha de ser,
    Pero Dios cuán duro es decir:
      "Adiós a mi"...

(Coro)

Dios sostenme mientras digo adiós a mí,
  Di Tú a mi corazón que dependa en todo en Ti,
    Aquí estaré de rodillas,
      Hasta decir con fuerza Dios:
        ¡Adiós a mi!

Que cansado estoy viviendo así, "entre dos"
  Mi amor por Ti,
    Y mi amor por mí,
      Toma lo que quede de mí,
        Lo sacrifico todo a Ti,

¡Adiós a mi!

Quiebra Señor, cada ídolo en mí,
  Ante el Calvario y por tu sangre,
    Los dejo allí,

Donde tu sacrificio
  Fue por mí,
    Y ahora es mi turno ¡Oh, Dios!, morir por Ti.

Adiós a mi, adiós a mí. ▪━

La soberanía de Dios (o el sufrimiento de los cristianos)

E l evangelio que se predica en muchas iglesias cristianas hoy es un mensaje espectacularizado, diseñado para complacer los caprichos triviales de creyentes que buscan, por encima de todo, su propio bienestar, a través de soluciones instantáneas a problemas profundos. Un gran número de personas buscan a Dios en los templos porque lo necesitan de mandadero, para sanar sus enfermedades, pagar sus deudas, librarse de sus enemigos y cambiar lo malo del vecino. El evangelio que predicó Jesús no es popular y, mucho menos, conocido o practicado porque "el pueblo del Libro" (como se conocía a la iglesia evangélica hace años) ya no lee la Biblia.

La idea de que un hijo de Dios –pero el que tiene fe– no se enferma, no sufre, no padece escasez o pobreza, no fracasa ni es atacado por Satanás... está tan enraizada en los creyentes que algunos no resistirán las próximas páginas. Aun los hermanos maduros, que conocen las Escrituras, podrían pensar que mientras sean buenos y obedezcan a Dios, ningún mal los alcanzará.

Esta filosofía que flota en la atmósfera y nos entra por los poros impide que muramos al yo. Se ha convertido en el mayor de los obstáculos para que un cristiano descienda a la cruz. Si nuestras más grandes certezas nacen de un mensaje "rosa", incompleto y distorsionado, jamás obedeceremos verdaderamente a Dios y nuestra fe, edificada en la arena, se derrumbará ante la primera señal de tormenta.

No tenemos un Dios a nuestra medida. No es un Dios al que podamos mantener bajo control. No es un amuleto que guardamos en el bolsillo ni un Ser al que damos para que nos dé. Dios es SOBERANO.

La soberanía significa autonomía. Nadie le dice a Dios lo que tiene que hacer. Él hace lo que le place. No da cuentas a nadie. No responde a nadie. ¿Recuerdas cuando preguntabas a mamá si podías hacer algo y ella decía: "No"? Luego preguntábamos por qué, y ella contestaba: "Porque yo digo". ¡Qué respuesta tan irritante! Recuerdo en mi adolescencia siempre quería visitar a una amiga y mi mamá me decía: "No, invítala a nuestra casa, pero tú no puedes ir a la suya". ¿Por qué? "Porque yo digo". No lo entendía y me disgustaba con mi mamá por eso, pero después de años supe que esa chica vivía en un hogar donde su propio padre abusaba de ella. ¿Creen que mi madre podía darme esa explicación? A veces no tenemos la edad o la madurez para entender las respuestas. Son muy pesadas para nosotros. Somos demasiado inmaduros o pequeños para entender algunas cosas que preguntamos a Dios. Quizás lo seremos hasta que Él vuelva. Dios es soberano, no rinde cuentas a nadie.

Deberíamos conocer a Dios. Para eso es necesaria la lectura de la Biblia, pero no solamente de ciertos versículos lindos –para cada ocasión–, como esas lociones "brisa del océano" o "mango tango" que usamos para complacernos. Lo que sugiero es que leas la Biblia de principio a fin, constantemente. Y cuando la termines, empieza otra vez. De lo contrario, sucederán más episodios como el que vivió mi hermano cuando era baterista. Fue a tocar a una iglesia aunque tenía un terrible dolor de cabeza y pidió desesperadamente una pastilla. Uno de los líderes de esa congregación le dijo: "Nosotros no recibimos eso". ¿Lo has escuchado por ahí?: "¡Sí, lo recibo, Señor, amén!" o "no lo recibo". Mi hermano contestó: "No me importa lo que reciban o no, ¡necesito una pastilla para mi dolor de cabeza!" y claro, ese líder se sintió atacado con la respuesta. "Lo reciben" o "no lo reciben", ese es el "mango tango" del que hablo, que no sé de dónde viene, pero seguro, no es de la lectura de la Palabra.

Una enorme lección de soberanía divina la encontramos en el libro de Job. Quienes hemos leído este libro del Antiguo Testamento lo hemos hecho evitando por todos los medios identificarnos con Job: "¡Qué tremenda historia, pero eso nunca me sucederá a mí!". Es tan devastador lo que le acontece a este hombre de Dios que preferimos negarlo, suprimirlo de nuestra mente y "tocar madera" para que jamás vivamos algo parecido.

Job era un hombre del que Dios estaba orgulloso: era *intachable, recto, temeroso de Dios y apartado del mal* (Job 1:1). Además era rico, pero su esperanza no estaba en las riquezas sino en su Padre celestial. Un día Dios pregunta a Satanás: "¿Qué has estado haciendo...?", y él le responde: "Paseando por ahí" (porque él todavía no está atado, aún anda suelto, es el príncipe de este mundo). Entonces Dios le dice: "¿Te has fijado en Mi siervo, Job?", y Satanás responde: "Claro que sí, ¿pero sabes por qué te sirve? Porque eres demasiado bueno con él. Tiene una bella esposa, hijos encantadores –siete varones, tres mujeres–, tiene más dinero que nadie en el planeta y el respeto de la comunidad... ¡Quítale todo lo que tiene y él te maldecirá en Tu cara!". Y Dios dice: "Adelante, haz lo que quieras con él, pero no lo toques".

Cuenta la historia que en un solo día su riqueza entera se perdió, sus criados fueron asesinados y hasta sus hijos murieron, pero en medio de la desgracia, Job dice: *El Señor dio y el Señor quitó; bendito sea el nombre del Señor* (Job 1:21). Satanás insiste en que Job todavía está bien porque no ha sufrido en carne propia, así que Dios le permite tocarlo físicamente, y cuando está ya enfermo, ¡con llagas malignas desde la planta del pie hasta la coronilla!, su encantadora esposa le dice:¿Aún conservas tu integridad? Maldice a Dios y muérete (Job 2:9) –no me lo estoy inventando, está en la Biblia–. Entonces Job le responde: *Como habla cualquier mujer necia, has hablado. ¿Aceptaremos el bien de Dios y no aceptaremos el mal?* (Job 2:10). A pesar de su intenso malestar físico y el dolor de su alma, todavía confiaba en Dios.

Luego llegaron a visitarlo sus tres superamigos que lo "animaron", diciéndole algo así: "Amigo, seguro no estás haciendo las cosas bien porque Dios azota al malvado, da según lo que hayamos hecho. Si eres bueno, te bendice, si eres malo, te castiga. Es evidente que has sido un chico malo". Esencialmente ese fue el discurso de los amigos de Job. Pero él les contesta: "¡No lo he sido, he hecho lo correcto y me mantendré en esto hasta la tumba!". Y les sorprende con declaraciones de fe como esta: *Yo sé que mi Redentor vive, y al final se levantará sobre el polvo. Y después de deshecha mi piel, aun en mi carne veré a Dios...* (Job 19:25,26).

Sin embargo, el sufrimiento constante, la convicción de que su padecimiento era inmerecido y la angustia prolongada le llevaron al punto de maldecir, no a Dios, sino al día de su nacimiento: *Perezca el día en que yo nací... porque no cerró las puertas del vientre de mi madre, ni escondió la aflicción de mis ojos. ¿Por qué no morí yo al nacer, o expiré al salir del vientre?* (Job 3:3,10-11). Job protesta como cualquier ser humano lo haría, pero justo antes de que empezara a perder la fe... ¡Imagínate, empezar a perderla recién luego de haberlo perdido todo! Justo antes de que Job cayera, Dios viene en su rescate. Hay que notar que Dios no le dice: "Lo siento, hijo Mío, lo lamento tanto, esto ha sido tan duro". No. Él le dice a Job: *Ciñe ahora tus lomos como un hombre... ¿Dónde estabas tú cuando yo echaba los cimientos de la tierra? Dímelo, si tienes inteligencia* (Job 38:3,4). ¿Dónde estabas tú...? ¿Qué intenta decirle Dios a Job? Le habla de Su soberanía. Le hace ver que antes de su pequeña existencia, Dios ya era. Honestamente, no hay palabras de consuelo para Job.

Luego de haberse quejado (y es natural que Job se quejara argumentando que su desgracia era injusta, que no la merecía) y de oír el sorprendente discurso que Dios le da (léelo en los capítulos 38, 39, 40 y 41 del libro de Job), dice Job: "He hablado como un necio, he dicho locuras. Pensé que te conocía, pero me doy cuenta de que solamente había oído hablar de Ti". Literalmente, su respuesta es: *He sabido de ti sólo de oídas, pero ahora mis ojos te ven. Por eso me retracto, y me arrepiento en polvo y ceniza* (Job 42:5-6). En ese estado de arrepentimiento, todavía con sus llagas y sentado sobre el polvo y las cenizas, espera Job el toque de Dios. Ya sin exigir nada, entendiendo que su dolor había sido permitido por Su Padre celestial y que, aunque era incomprensible, estaba dentro de la voluntad divina.

Entonces Dios extiende Su mano misericordiosa y soberana y le restituye todo nuevamente a Job, lo llena de hijos e hijas, lo bendice con abundantes bienes y salud durante el resto de su larga vida (Job 42:12–16). La soberanía de Dios asombra, paraliza y rompe las ideas equivocadas que tenemos sobre Él. Nos ubica dentro de la gran escena cósmica: somos las criaturas dependientes del Creador, sujetas a Su absoluto albedrío.

Es lamentable sin embargo, que hoy, al conocer la historia completa de este varón de Dios, muchos líderes fomenten entre los creyentes una actitud ante el sufrimiento enfocada en el final feliz, de tal manera que quien sufre rechaza su dolor, niega la presencia y soberanía de Dios en esa circunstancia particular e intenta forzarlo a restituir inmediatamente "todas las bendiciones robadas", a la voz de: "¡Ya!" Comparemos las palabras del Job bíblico con las palabras de los Jobs contemporáneos:

JOB BÍBLICO:

Desnudo salí del vientre de mi madre y desnudo volveré allá. El Señor dio y el Señor quitó; bendito sea el nombre del Señor (Job 1:21). Aunque Él me mate, en Él esperaré... (Job 13:15).

JOB CONTEMPORÁNEO:

Declaro con mi boca que el diablo me devuelve lo que me robó. Me apropio de lo que a mí me pertenece. Satanás, lo que me has quitado me devolverás el triple porque con los hijos de Dios nadie se mete. YO te arrebato mi familia, mi salud, te arrebato las bendiciones y tesoros celestiales. ¡YO te arrebato todo lo que es mío!

Algunos ya quisieran gritar: "¡Amén!", ¿no es cierto? No caigamos en la tentación del siglo presente. Ese YO debe morir, abandonarse a la voluntad del Ser que todo lo conoce, confiando que sus circunstancias actuales no escapan a los ojos de Dios y que Él arrebatará al diablo lo que sea, cuando Él lo determine y si Él quiere. Durante todo el relato de Job, él jamás actuó con tanta soberbia como la de los Jobs contemporáneos. Clamó a Dios, se quejó, presentó argumentos de su propia justicia (de lo cual luego se arrepintió), pero no se atrevió a hacer semejantes afirmaciones.

Dejemos por un momento este caso extremo del Antiguo Testamento, narrado en forma de poema –por lo que sentimos más intensamente la conmoción de cada palabra del libro de Job– y vayamos al Nuevo Testamento para dar un vistazo a la vida real del apóstol Pablo. Es interesante que también en esa época hubiera falsos apóstoles, estafadores que se disfrazaban de siervos de Cristo. En los versículos que compartiré, Pablo escribe a los Corintios para presentarles una defensa de su ministerio, les expone argumentos que comprueban la genuinidad de su apostolado, para que ellos pudieran comparar entre un verdadero siervo de Dios y otro falso. En pocas palabras, les decía: "Créanme, he sido llamado a ser un apóstol", pero veamos cuáles son sus pruebas:

¿Son ellos hebreos? Yo también. ¿Son israelitas? Yo también. ¿Son descendientes de Abraham? Yo también. ¿Son servidores de Cristo? (Hablo como si hubiera perdido el juicio.) Yo más. En muchos más trabajos, en muchas más cárceles, en azotes un sinnúmero de veces, a menudo en peligros de muerte. Cinco veces he recibido de los judíos treinta y nueve azotes. Tres veces he sido golpeado con varas, una vez fui apedreado, tres veces naufragué, y he pasado una noche y un día en lo profundo. Con frecuencia en viajes, en peligros de ríos, peligros de salteadores, peligros de mis compatriotas, peligros de los gentiles, peligros en la ciudad, peligros en el desierto, peligros en el mar, peligros entre falsos hermanos; en trabajos y fatigas, en muchas noches de desvelo, en hambre y sed, a menudo sin comida, en frío y desnudez. Además de tales cosas externas, está sobre mí la presión cotidiana de la preocupación por todas las iglesias. ¿Quién es débil sin que yo sea débil? ¿A quién se le hace pecar sin que yo no me preocupe intensamente? Si tengo que gloriarme, me gloriaré en cuanto a mi debilidad. (2 Corintios 11:22-30).

(Sé que me aparto del tema, pero no puedo evitar sonreír pensando en los llamados "apóstoles" de hoy, quienes ostentan autoridad, riquezas, poder... ¿alguno de ellos podría presentar una lista de argumentos para validar su ministerio como la que presenta Pablo?)

¡Qué cantidad enorme de sufrimientos ha experimentado este apóstol de Jesucristo! Y hay que subrayar que no constan todos en esta lista. Ha demostrado una y otra vez su amor hasta la muerte por el Maestro, por la misión que le fue encomendada y por las personas a quienes servía. Era un hombre con la actitud de siervo que estuvo dispuesto a humillarse hasta la muerte y a renunciar a sí mismo tomando su cruz.

Pensemos en dolores como estos: *Tres veces he sido golpeado con varas, una vez fui apedreado...* Quizás responderíamos: "¡Yo no recibo eso, Pablo, no lo recibo! ¡Reprendo a todo espíritu de apedreamiento! ¡Ato esas palabras!". Creemos que tenemos el control. Nos hace falta humildad. He escuchado a predicadores en la televisión decir que estas cosas le ocurrieron a Pablo porque no tenía fe. Por favor, si vamos a alimentarnos de mensajes televisados o sermones de internet, investiguemos la fuente para asegurarnos de que sea confiable, juzgándolo todo en base a las Escrituras. Dicen que Pablo no tuvo fe... ¡todo lo contrario! Su fe estaba puesta en Jesucristo, Quien se encontró con él cara a cara en el camino a Damasco y Quien también había dicho: *le mostraré cuánto debe padecer por mi nombre* (Hechos 9:16).

El problema es nuestro si tenemos fe en ideas como: "cuando aceptas a Jesús en tu corazón, se acaban tus problemas", "si eres un buen hijo de Dios, nunca tendrás escasez", "si tienes fe, no te enfermarás o si te enfermas y pides con fe, seguro sanarás", "si das para la obra de Dios, Él te recompensará con riquezas materiales", "un cristiano siempre está feliz"... Y así podríamos seguir con una lista interminable de mentiras en las que muchos tropiezan porque han puesto su fe en ellas.

Jesús mismo confió en Su Padre cuando la hora más oscura de Su existencia llegaba implacable. Su fe no consistió en decir: "Estoy seguro de que Dios no permitirá que nadie me golpee, me insulte y, peor aún, que me mate. Tengo fe de que nada malo me pasará". Su fe no estaba puesta en lo que Él mismo hubiera deseado, sino en la voluntad de Su Padre. Necesitaba fe para creer que en los azotes, las torturas y la muerte, Dios mismo estaba obrando la redención y la vida abundante.

El apóstol Pablo tuvo fe en que, detrás de cada circunstancia, había un Dios soberano que lo sustentaba y que obraba para su bien y el bien de muchos. La mayoría de sus cartas fueron escritas cuando estuvo en cárceles. Gran parte del Nuevo Testamento se escribió detrás de las rejas de una prisión. En el momento mismo del dolor no entendemos la razón por la que Dios lo permite en nuestra vida y, en ocasiones, no llegamos a comprenderla nunca porque nuestros pensamientos son limitados y completamente distintos a la manera de pensar de Dios. Pablo entendió lo incomprensible que resulta para el ser humano la mente de Dios, él escribió:

¡Oh, profundidad de las riquezas y de la sabiduría y del conocimiento de Dios! ¡Cuán insondables son sus juicios e inescrutables sus caminos! Pues, ¿QUIÉN HA CONOCIDO LA MENTE DEL SEÑOR?, ¿O QUIÉN LLEGÓ A SER SU CONSEJERO?, ¿O QUIÉN LE HA DADO A ÉL PRIMERO PARA QUE SE LE TENGA QUE RECOMPENSAR? Porque de Él, por Él y para Él son todas las cosas. A Él sea la gloria para siempre. Amén (Romanos 11:33-36).

La sabiduría de Dios es profunda, no podemos descifrar Sus juicios ni conocer Sus caminos. No pensamos como Dios. Me apena reconocer que muchas veces he intentado dar a Dios un consejo: "Señor, haz esto, hazlo así, hazlo mañana mismo...". ¿Dios necesita mi consejo?

Aunque quizás te incomode, debo decirte que todo lo que has sufrido ha venido por el permiso y la mano de Dios. Lo que has sufrido ha sido con Su permiso. Si piensas en algo doloroso, lo primero que venga a tu mente –como vivo cerca de Manhattan, mi memoria me trae imágenes de la caída de las Torres Gemelas en el 2001– ha sido permitido por Dios, en Su soberanía, aunque seguramente Él no quería que sucediera. ¿Crees que entiendo esto? No. Pero entiendo lo suficiente que Dios es bueno, perfecto, omnisciente, omnipotente. Él permite al mal llegar hasta cierto punto, hasta que Él diga: "Basta. No más". Dios tiene la última palabra.

Recuerdo que mi familia enfrentó un sufrimiento durante cinco años. ¿Sabes cuál era mi expectativa en esta circunstancia? Esperaba que Dios solucionara el asunto ni bien había comenzado: "Ahora, ¡en el Nombre de Jesús! Claro, ¡porque se nos ha dado toda autoridad!" ¡NO ES CIERTO! Toda la autoridad le ha sido entregada a Jesucristo. Dios permitió mi sufrimiento y fijó su duración con un propósito.

La razón por la que hay dolor es porque vivimos en un mundo quebrantado y caído. No sabemos cómo hubiera sido este planeta si Adán y Eva no hubieran pecado –si no lo hubiéramos arruinado todo–. Porque el diseño original de Dios era perfecto, *era bueno en gran manera* (Génesis 1:31). Lo que sabemos es que Dios hará un nuevo mundo, cielos nuevos y nueva tierra, donde reinará la justicia y *ya no habrá muerte, ni habrá más duelo, ni clamor, ni dolor, porque las primeras cosas han pasado* (Apocalipsis 21:4).

Conozco a un pastor de Queens que tiene una iglesia muy grande. Él y su esposa son personas maravillosas que han servido a Dios por años. Hace poco, empezaron a tener problemas de salud y el médico les explicó que la causa se originó hace veinte años porque, en ese tiempo, abusaron de sus cuerpos. La enfermedad actual se debía a lo que hicieron en el pasado. ¿Acaso Dios no puede sanar? Sí. Pero hay consecuencias que Dios permite. Hay ocasiones en las que Dios escoge no sanarnos. El apóstol Pablo –de quien tanto hemos hablado– vivió con una enfermedad (un aguijón en la carne) por la que pidió a Dios sanidad, pero no le fue concedida: *Acerca de esto, tres veces he rogado al Señor para que lo quitara de mí. Y Él me ha dicho: Te basta mi gracia, pues mi poder se perfecciona en la debilidad* (2 Corintios 12: 8,9). El gran apóstol al que le pedían tocar pañuelos para llevarlos a los enfermos y sanaban (Hechos 19:11,12), ¡el apóstol que Dios usaba para hacer milagros extraordinarios de sanidad estaba enfermo y no sanó! Dios es soberano.

Hace un tiempo, la hija de una persona muy querida para mí llamó y dijo que se casaba al día siguiente. Toda la familia puso el grito en el cielo. Yo quise morirme… luego decidí que no era buena idea porque, aunque muriera, ¡igual se casaría! Entonces fuimos a verla y la llevamos donde un pastor. Entre todos los que la amábamos, le aconsejamos que no lo hiciera, que lo pensara mejor porque estábamos seguros de que sería el peor error de su vida. Hablamos en voz baja, suplicamos, ¡gritamos también! Pero llegó un momento en que el pastor nos dijo: "Ella ya ha cumplido su mayoría de edad y hará lo que quiera hacer", así que la dejamos y se casó al día siguiente. Dos meses después, ella llamó a sus padres para pedirles: "Por favor, rescátenme". Y la rescataron y volvió a su casa, volvió a Dios y a la iglesia, pero ya estaba esperando una bebé que nació después con atrofia muscular espinal, una condición que padecía su padre. La niña es la más inteligente y hermosa adolescente ahora, pero no tiene ni gota de fuerza en sus músculos –me gusta imaginarla como un bello flamenco porque tiene las piernas muy frágiles–, sé que la mano de Dios está con ella, pero hay consecuencias de nuestros actos y decisiones. A pesar de todo, la gracia es suficiente: *Te basta mi gracia, pues mi poder se perfecciona en la debilidad.* Dios permite el sufrimiento.

De Jesús se dice en el libro de Isaías: *varón de dolores y experimentado en aflicción* (Isaías 53:3). Creo que el segundo varón experto en quebrantos es Pablo. Mira lo que escribe en otra de sus cartas:

...estimo como pérdida todas las cosas en vista del incomparable valor de conocer a Cristo Jesús, mi Señor, por quien lo he perdido todo, y lo considero como basura a fin de ganar a Cristo... y conocerle a Él, el poder de su resurrección y la participación en sus padecimientos, llegando a ser como Él en su muerte... (Filipenses 3:8,10).

Participar en Sus padecimientos. Otras versiones dicen "tener comunión con sus sufrimientos". ¿Cuándo fue la última vez que tuviste comunión con sufrimientos? ¡Solamente hemos participado juntos de pastel y helado! Pablo dice que está dispuesto a probar, a saborear los padecimientos de Cristo para llegar a conocerlo. En otras palabras, dice: "Señor, si puedo conocerte mejor a través de los sufrimientos, permite que sufra". Conocer a Cristo en Su dolor, en Su muerte implica que lo conoceremos también en el poder de Su resurrección, tengamos siempre esto en mente.

No sé si lo has notado, pero yo he visto algo hermoso, una gracia especial que proviene del sufrimiento. El poder de Dios en nosotros es más grande, más evidente y activo cuando somos débiles. Si sigo a Cristo, *cuando soy débil, entonces soy fuerte* (2 Corintios 12:10). ¡Qué diferencia con las filosofías mentirosas que se han filtrado en la Iglesia cristiana! Ellas dirían: "Si sigo a Cristo, soy inmune al dolor, no me toca el sufrimiento". Falso. A los cristianos el sufrimiento también nos alcanza, pero en él podemos ver a Dios, conocer Su fuerza.

Dios no permite que suframos simplemente por sufrir. Busca purificarnos, quiere que del dolor salgamos puros como el oro. Cualquier dolor por el que estés atravesando, Dios lo conoce y te dará la gracia que necesitas para sobrellevarlo. Puede librarte del sufrimiento, como lo ha hecho muchas veces, pero también puede permitir que sufras. Cualquier cosa que haga será buena y será para tu bien y Su gloria. La soberanía de Dios permite el sufrimiento. Y la razón por la que Dios no nos da explicaciones es porque no hay manera de que podamos entenderlo, verdaderamente.

Pido a Dios que nos dé la fortaleza para soportar lo que venga. Todos, empezando por mí, tenemos miedo al dolor. Solo pensar en sufrir nos paraliza. Quizás ya hemos probado dolores que llenaron nuestros ojos de lágrimas para siempre, que nos dejaron un mar dormido, pero listo a desbordarse apenas con el recuerdo del daño o la pérdida. Somos frágiles y pequeños, pero podemos ser fuertes en Dios. Tu perspectiva cambiará cuando veas, detrás de cada dolor vivido, a un Dios soberano que lo permitió con algún propósito mayor que nuestro egoísta bienestar. Vive tu dolor con Su fuerza. No lo reprendas, no lo rechaces ni huyas de él. No te resientas con Dios, no reniegues de tu fe, no maldigas tu llanto... Hay una gracia en el sufrir. •⊨

De estrella a luna

E s buen momento para retomar el hilo de mi historia de vida —o muerte— y seguir bordando este tapete de experiencias para que lo pongamos como centro de mesa y nos sirva de recordatorio de la obra de Dios en la vida de Sus hijos. Nos habíamos quedado en la estrella que caía del cielo. La Dámaris con luz propia se despedía del firmamento. No volvería a brillar ante ningún público porque su nueva misión era opaca... por lo menos eso era lo que veían mis ojos.

Cuando me vi rechazada por la compañía cristiana para la que hice mi última audición, me sentí como cuando pierdes un empleo: "¿Y qué hago ahora?". Era como acercarse a la ventana y no ver nada en el horizonte, solo niebla. Pero luego alguien toca tu hombro y te obliga a dar vuelta para que mires hacia el interior de la habitación. Fue como si el Señor me revelara: "¿Qué vas a hacer, preguntas? Mira lo que tienes y ni le estás prestando atención". Allí estaban mi esposo, Rod, y mis dos hijos, Ashley Rose y James. Sí, los amaba, pero no consideraba mi papel de esposa y madre como algo realmente importante. Pensaba: "Amo a Rod, preparo la comida, atiendo a los niños, ¿y?... Eso lo puede hacer cualquiera" (en ese tiempo, más mujeres que ahora hacían esta tarea, a diferencia de la época actual, en que cada vez menos personas —hombres y mujeres— pueden o

quieren invertir las mejores horas del día en la crianza de sus hijos).
No consideraba estas tareas como un tesoro. Creo que la sociedad
tampoco las consideraba así. Entonces, esa voz de Dios en mi interior
me decía: "¿No quieres nutrir a tu familia? Tienes tanto que puedes hacer y que debes estar haciendo en tu hogar y no te has dado
cuenta de que es verdaderamente importante". Ahora que lo pienso,
qué bueno que Ashley solo tenía 5 años y James 2 cuando pasó eso,
porque pude haber perdido mucho más tiempo y entender lo vital
de mi tarea a sus 15 años... ¡tarde!

La crianza de mis hijos no estaba en la lista de mis principales
prioridades. ¿Crees que era una madre desnaturalizada? No ocuparse
de la crianza es tan común en nuestro tiempo, pero nos engañamos
pensando que cumplimos nuestra misión de criarlos solamente porque pagamos una excelente guardería o un costoso colegio de gran
prestigio. La crianza implica modelar ante nuestros hijos los valores
que quisiéramos que los acompañen el resto de su vida y, más aún,
si esperamos educarlos conforme a los principios de la Palabra de
Dios: *Y estas palabras que yo te mando hoy, estarán sobre tu corazón; y
diligentemente las enseñarás a tus hijos, y hablarás de ellas cuando te
sientes en tu casa y cuando andes por el camino, cuando te acuestes y
cuando te levantes* (Deuteronomio 6:6-7). Tiempo juntos, experiencias compartidas. ¡Qué difícil criar a nuestros hijos al ritmo actual!:
levantarse temprano, correr a la guardería, luego a la oficina, retirarlos
después de 8 o 10 horas de la jornada de trabajo, viajar en un tráfico
intenso, llegar a casa a comer y a dormir para otro día igual... ¡uf!
En otros casos no es la guardería, sino la abuela o una empleada do-
méstica. Lo cierto es que la crianza no es la prioridad número uno
de los hogares contemporáneos.

Tiempo después entendí que Dios no te encarga una misión
si todavía no estás listo. El mensaje fue claro: "Primero arregla las
prioridades y hazlo bien. Ama mejor a tu esposo, ama mejor a tus

hijos y sumérgete en mi Palabra porque no la conoces". Inicialmente me sentí decepcionada pero, a medida que pasaban los días, el Señor me dio ojos nuevos y vi que mi esposo y mis hijos habían sido abandonados por mí, en cierto sentido. También me di cuenta de que no podía tener una conversación sencilla con alguien para hablarle de las enseñanzas de la Biblia. Me dio hambre de leer las Escrituras y de poder defender lo que creía desde niña, no con mi opinión sino con textos bíblicos. Reconocí que estaba loca por salir y tener una carrera musical –ahora en el mundo cristiano–, pero no hacía lo más importante, lo básico... ¡ni siquiera formaba parte de mis prioridades!

Me concentré en mis hijos. Esto sucedió el año en que Ashley empezaba la escuela primaria. Yo hacía todo con ella: acostarla temprano, levantarla a tiempo, ayudarla en sus tareas, comer bien, tener un tiempo de oración, crear una rutina que antes no tenía. Eso de ser madre responsable me encantó. No fue algo tedioso, no. Lo abracé. No me había dado cuenta de la belleza, del privilegio que era ser madre. Al inicio, la tarea no me causó ninguna emoción, era algo que no impresionaba a nadie. Ahora pienso que fui tan boba, tan lenta para despertar del sueño de mí misma pero, con la ayuda de Dios, salí de mi adormecimiento, me desperecé, bostecé un rato y, por fin, me puse alerta.

El Señor me mostró también que cuando yo era niña, mis padres –como estaban tan concentrados en el ministerio cristiano– ni caso le hicieron a nuestra vida escolar. Mis hermanos y yo faltamos a la escuela muchísimo. Mi madre decía con frecuencia: "¡Bendito!, la cantata duró horas, fue un culto largo... duérmete un poquito más". Nunca me enseñaron la disciplina de ser buena estudiante. Sé que pensaban que hacían lo correcto pero, en esto, se equivocaron. Al recordar mi niñez, dije: "No, esto no les va a pasar a mis hijos, no odiarán la escuela como yo, ellos serán buenos estudiantes y les va a gustar".

Otros mandatos claros de parte del Señor para mí fueron: "Ya no busques más oportunidades. No llames más a *Word Music* ni a ninguna otra compañía discográfica cristiana, encárgate, además de tu hogar, de tu iglesia". Nos habíamos incorporado a una nueva congregación en Harlem, *Manhattan Grace Tabernacle* (El Tabernáculo de la Gracia de Manhattan), comisionados por el pastor Cymbala a apoyar a esta pequeña iglesia, hija de *The Brooklyn Tabernacle* (El Tabernáculo de Brooklyn), en enero de 1990. Empecé anotándome en el coro. Por supuesto que este era un minúsculo coro que no se comparaba con el fabuloso coro de la iglesia madre, donde solía cantar. Éramos pocos integrantes que cantábamos para menos de treinta personas. Pero también me involucré en la enseñanza de los jóvenes, como maestra de escuela dominical. El primer material de estudio que seguimos exigía la memorización del pasaje de Colosenses 3:12-17 y pensé: "¿Cómo voy a pedir a los jóvenes que lo memoricen si yo misma no me lo sé?". Así que, a mis 35 años aprendí de memoria, por primera vez, un pasaje bíblico de varios versículos y el resultado me sorprendió: Meses después me invitaron a la iglesia madre, *The Brooklyn Tabernacle*, a cantar y a compartir un testimonio breve. Antes de interpretar la canción, recité los versículos que sabía de memoria: *Entonces, como escogidos de Dios, santos y amados, revestíos de tierna compasión, bondad, humildad, mansedumbre y paciencia...* Seguí hasta terminar los seis versículos y la respuesta de la congregación fue impresionante: la expresión de esos rostros era como que les hubieran bañado los corazones, como que la Palabra dicha en voz alta fuera una agüita bien tibia, fresca. En ese momento entendí que la gente tiene hambre de la Verdad y no lo sabe. Se hizo evidente para mí que, así como algunos mueren sin saber cuál es la causa de su dolor, otros mueren por tener hambre de la Palabra sin saberlo. Espiritualmente, andan "en hueso y pellejo", desnutridos, moribundos, sin el sustento de la Palabra que es pan de vida. Además, reconocí que mi alejamiento de Dios, mi rebeldía, mis ambiciones de tantos años, mi idiotez... todo lo que había hecho fuera de la voluntad del Señor era producto de no conocerlo mejor a través de las Escrituras. Por eso, este es buen momento para cantarte otra vez mi nuevo *jingle*: ¡Lee la Biblia!

No me canso de decirlo porque descubrí que mi salud espiritual, mi madurez, mi fortaleza y gozo dependen absolutamente de mi conocimiento profundo de Dios en Su Palabra.

En este proceso nuevo de concentrarme en mi hogar y mi iglesia, era común sentir que me opacaba, que perdía brillo y protagonismo. Alguna vez mientras cantaba en el coro, recordaba mi sueño de grandes escenarios, grandes orquestas y enormes públicos, y escuchaba la voz de Dios preguntándome: "¿Te molesta cantarle a este grupito tuyo de treinta personas?", y yo decía: "Sí". No era que Él no lo supiera sino que, al preguntarme, me dejaba saber la condición de mi corazón porque yo aún no me había dado cuenta. Entonces, Dios me decía: "Si te molesta, es porque Yo todavía no Soy suficiente para ti". Y a mí no me quedaba más que admitirlo con tristeza: "No, no lo eres".

Pero a medida que cumplía mis tareas "sencillas" y grises, por obediencia a Dios, comprendía cada vez más quién era yo como hija Suya y cuál era mi misión en el mundo. Como leía a diario las Escrituras, nuevas y deliciosas verdades engordaban mi espíritu y transformaban mi ser entero. Un día sentí como que un pequeño destello salía de mí. Me asusté creyendo que la estrella que fui intentaba resucitar. Eso era imposible porque ya había muerto a ella, había renunciado a su luz. Pero sabía que estaba comenzando a brillar de nuevo. No entendía cómo podía resplandecer en el último rincón del mundo –una iglesita de barrio ¡en Harlem!–, escondida de los ojos del mundo, de sus lentes y aplausos… La luz no era mía, no provenía de mí, pero otros la podían ver en mí. ¡Era la luz de Cristo!:

> …somos como un espejo que refleja la gloria del Señor, y vamos transformándonos en su imagen misma, porque cada vez tenemos más de su gloria, y esto por la acción del Señor, que es el Espíritu (2 Corintios 3:18, DHH).

La Palabra de Dios me enseñó que, aunque nunca sería una estrella, ¡era una preciosa y redonda luna! Un espejo en el firmamento que refleja la luz del Sol –el lucero resplandeciente de la mañana– (Apocalipsis 22:16). Mi vida podía reflejar la gloria del Señor conforme iba siendo transformada en Su imagen. Si por la acción del Espíritu, yo me parecía más a Él, sin duda brillaría con Su luz. ¡Era una luna!, todavía opaca, pero buscando el rostro de Dios cada día para conocerlo, para dejar que Sus ojos me escudriñen, señalen mi maldad, para que me miren con ternura y que mis ojos también puedan mirarlo y reflejar Su maravillosa luz. ⬝⊏

Parte III:
Tres mujeres

En mi proceso de búsqueda y encuentro con las Escrituras, descubrí a tres mujeres sorprendentes con las que me he identificado en distintos aspectos. De las dos primeras, apenas se nos cuenta una escena de su vida, pero es suficiente para transformar la nuestra. De la última, se escribió un libro corto en el Antiguo Testamento y su historia es tan increíble y emocionante que resulta mejor que cualquier telenovela. Las tres son extranjeras, gentiles (no pertenecen al pueblo judío), son poca cosa en este mundo, pero de gran estima para Dios. Las tres nos dejan lecciones invaluables a la hora de morir. Abróchate los cinturones para esta serie de tres desafiantes capítulos y déjate conmover por la sed de la samaritana, la fe de la sirofenicia y el amor de la moabita.

La sed de la samaritana

Antes de mi muerte no sabía que tenía sed o, mejor dicho, tenía una sed terrenal, como la de cualquiera. A estas alturas, me urge que hablemos de la sed y qué mejor si lo hacemos junto a un pozo y a una mujer que fue allí en busca de agua.

Su historia está registrada en el Evangelio de Juan, capítulo 4, en la Biblia (puedes leerla cuando gustes para que tengas detalles de primera mano), pero yo te la contaré a mi manera, con mis reflexiones y preguntas, para ver si al final hallamos agua.

No se nos dice el nombre de esta mujer, solamente la conocemos como "la samaritana". Sabemos que se había casado cinco veces —no, no se trataba de una actriz de cine ni tampoco de un personaje actual— y que vivía, en tiempos de Jesús, en una ciudad de Samaria llamada Sicar, donde había un pozo, el pozo de Jacob. Un día fue a ese lugar con su cántaro a buscar agua, pero llegó a una hora en la que nadie iba porque, seguramente, quería evitar a los chismosos del pueblo que hablaban tanto de ella y de sus cinco divorcios.

Junto al pozo, se encuentra inesperadamente con Jesús. Ella no tenía idea de quién era ese forastero, pero sabía que no lo había visto antes y que tenía pinta de judío. Jesús le habla y eso le resulta inquietante porque, en esa época, los judíos y los samaritanos no se hablaban. Es más, si un judío debía ir de un pueblo a otro, prefería dar una larga vuelta rodeando Samaria para no pasar a través de la ciudad, así de extrema era la enemistad entre ellos. Pero Jesús no dio esa vuelta. Decidió pasar por Samaria y se detuvo en el pozo. Cuando ve a la mujer acercarse, le dice: "Dame de beber". Ella, sorprendida de que le haya hablado, no puede dejar de masticar los mismos pensamientos: "Él es judío y yo, samaritana, ¿por qué me dirige la palabra?". Entonces, le dice: "Yo soy una samaritana, ¿usted no sabe que nosotros no nos llevamos?". (Hay que leer la Biblia y disfrutar de algunas escenas como esta, a veces leo y me río sola). Luego añade: "Perdón que te tutee, pero ¿tú me estás hablando a mí?". Jesús dice: "Sí, tengo sed, ¿me das algo de beber?", y ella responde confundida: "No sé ni cómo te atreves a hablarme porque nosotros no podemos… ¡no sé ni cómo me estás hablando!" –aunque no lo dijo así, literalmente, lo implicaba.

Jesús aprovecha esa hermosa metáfora viviente de la sed que tenía frente a sí –la mujer con el cántaro en el pozo– y le dice: "Si tú supieras quién es el que te habla, me pedirías a mí agua y yo te daría agua viva". La mujer pierde el hilo de la charla, se desubica y le contesta: "Pérate, pérate, pérate (la forma corta de 'espérate', quizás por algún antepasado caribeño), primero tú me pides agua y luego me dices ¡que tú tienes agua!". Ella se pregunta a qué rayos se refiere este desconocido. Me encanta que Jesús le habla en términos espirituales, pero ella no entiende ese lenguaje.

La samaritana se imagina que se trata del agua que ella busca en el pozo y le pregunta: "¿Quién eres tú?… ¡¿quién te crees que eres?!" –se pone un poquito caradura; fresca diríamos los boricuas–, "¿eres más grande que nuestro padre Jacob, que nos dio este pozo?". Cuando le hace esta pregunta, Jesús no le responde porque sabe que la mujer todavía no está lista para conocer quién era Él. Si le hubiera dicho en ese momento: "Sí, no solo soy más grande que Jacob sino que Yo hice a Jacob", ella se habría ido llamándole "loco" y hasta, quizás, ¡le habría puesto el cántaro como casco! Jesús se queda callado, evade la pregunta y se concentra en el meollo del asunto, le dice: "El que beba de esta agua volverá a tener sed, pero el que beba del agua que Yo ofrezco, no tendrá sed jamás". Entonces, ella reflexiona: "¿Por qué estoy discutiendo con él? Si realmente fuera un agua mágica… Ahora que lo pienso, eso me suena bien" y, con toda convicción, le pide: "Dame esa agua, ¡dámela! para que no tenga más sed ni tenga que venir aquí a sacarla".

En este punto, la mujer ya estaba enganchada y Jesús le dice: "Te la voy a dar pero, primero, anda a tu casa y trae a tu esposo". Y ella responde –esto me encanta–: "Es que no tengo esposo". Jesús le contesta: "Es verdad, porque cinco maridos has tenido y el que ahora tienes no es tu marido". Es un hecho que la samaritana habrá pensado en ese momento: "¡Ay mi madre, tener que venir a encontrarme con un profeta hoy! ¡De dónde conoce mi vida este hombre (si no tengo perfil en Facebook)!". Quisiera que notemos algo fundamental: Cuando la mujer se entusiasma con esa agua milagrosa, cuando "se le hace agua la boca" por el agua de Jesús, Él le señala otro tipo de sed que la consumía por años: se había pasado la vida buscando amor en cinco tipos distintos que, según parece, resultaron un fiasco –tampoco digo que la samaritana fuera una perita en dulce, porque si fuera así alguno de ellos se habría quedado–, o por lo menos ninguno pudo llenar su inacabable deseo de afecto, ternura, respeto… amor. Jesús le ofrece un agua especial pero, al mismo tiempo, le señala su actual condición, lo que le ha consumido desde su juventud. Él sabía que ella –pon atención, no pierdas esto–, aunque ignoraba su necesidad, TENÍA SED. Tenía sed aunque ni sabía que la tenía. Y no del agua del pozo.

Luego, con el pretexto de haber hallado a un profeta, la samaritana hábilmente cambia de tema esquivando su vida íntima y le dice: "Bueno, ustedes, los judíos, adoran allá en Jerusalén y nosotros acá en el monte; o sea, ustedes a su manea y nosotros a la nuestra…". Jesús se apasiona con el tema y le interrumpe: "No, no, no, señora, ustedes adoran lo que no conocen y nosotros adoramos lo que conocemos, pero se acerca la hora cuando los verdaderos adoradores adorarán al Padre en espíritu y en verdad". Estas palabras de Jesús desbaratan las ideas que algunas personas defienden con total convicción, y me han dicho: "Dámaris, tú crees que la manera de llegar a Dios es por medio de Jesucristo, bueno, esa es tu opinión, pero la mía es que yo llego a Dios como quiera". Falso. Jesús, sin miedo a que la samaritana se resienta o que lo llame "intolerante", le aclara que no hay varias formas de llegar a Dios ni de adorarlo (Jesús vino a la tierra a mostrarnos el camino a Dios, Él mismo era ese camino) y la confronta diciéndole, sin pelos en la lengua, que ella no conoce lo que adora.

La samaritana, un poco trastornada y molesta –porque no esperaba hablar con este hombre que se había atrevido a decirle cosas que no quería escuchar sobre su vida personal (eso de que se casó cinco veces) ni sobre su religión–, finalmente decide retirarse y le dice muy respetuosamente: "Mira, yo no entiendo mucho, pero una cosa sí sé: uno de estos días llegará el que fue prometido, el que es llamado Cristo, el Mesías, y cuando Él venga, me va a explicar todas estas cosas". ¡Ay, qué momento precioso! Me hubiera encantado estar ahí para ver el rostro de esa mujer cuando Jesús le dice: "Mujer, Yo Soy, el que te hablo. Yo Soy ese Mesías".

Me pregunto por qué Jesús le declara esa verdad a esta mujer de Samaria. Jesús había ordenado a Sus discípulos que no dijeran a nadie que Él era el Cristo, el Mesías (Mateo 16:20), pero a ella se lo revela. Es evidente que la samaritana, como mucha gente en esa época, esperaba al Mesías, pero lo que no era evidente para nadie, excepto para Jesús, es que ella tenía sed del agua que solo Él podía ofrecerle: el agua viva. Jesús la encuentra consumida por su sed natural de amor y Él sabe que si ella sigue gastando su vida en encontrar al príncipe azul, la perderá, pero si renuncia a esa búsqueda inútil y reconoce su sed del agua viva, que es Cristo, será saciada.

El mundo tiene sed de tantas cosas... ¿Tienes sed? ¿Buscas poder en el pozo? ¿Llevas tu cántaro todos los días para sacar reconocimiento, títulos, juventud, belleza...? Tal vez no lo sabes, pero te digo que tu sed verdadera, aunque no te des cuenta, es sed de Cristo. Su agua satisface. No hay carrera que satisfaga, no hay esposo que satisfaga (ni siquiera el mío que es el hombre más bueno del mundo entero... ¡tampoco ninguno de los cinco de la samaritana!), no hay nada que satisfaga como Jesucristo. Él sabe que tenemos sed, por eso fue a sentarse junto al pozo de un pueblo excluido (por los judíos) y le habló a una mujer, rechazada varias veces por diferentes personas, que venía en busca de agua. Le confiesa que Él también tiene sed del agua del pozo –que vino a compartir nuestra sed física, a ponerse en nuestros zapatos, pero que puede ofrecerle un agua distinta que calmará su sed para siempre.

Quisiera parecerme a la samaritana... Hay una linda canción ecuatoriana, en ritmo de albazo (de Jorge Araujo Chiriboga), que dice: *A la samaritana, guambrita, te pareciste. Te pedí un vaso de agua, guambrita, no me lo diste...* Es cierto, la mujer nunca llegó a sacar agua para dársela a Jesús, y no quisiera parecerme a ella en esto, sino en reconocer mi sed del agua viva. Ella renunció a su sed natural para ser llena del agua que le ofrecía Jesús. Mi sed natural de ser rica y famosa me hubiese llevado a una búsqueda interminable y agotadora, bajando diariamente mi cántaro en el pozo de Jacob para sacar un poquito cada vez... ¡gotas que no sacian! Pero la samaritana dejó el cántaro y se fue. Dejó su sed natural junto al pozo. Creyó en las palabras de Jesús: el Mesías, el Salvador del mundo había estado hablando con ella y corrió a la ciudad para contarles

–a todos esos chismosos– que en el pozo de Jacob, esta vez, había hallado agua viva.

Quiero dejar mi cántaro, dejar mi sed que me nubla la vista, que me distrae de la otra sed, la sed verdadera –la que no sé que tengo– esa que solo sacia Jesús. Él me invita a beber de Su agua: "Dámaris, si quieres seguirme, deja tu cántaro junto al pozo, deja tu sed, renuncia a lo que buscas, muere a lo que deseas porque lo que quieres no satisface. Bebe de Mi agua, prueba la vida que te ofrezco". Cuando conoces quién es el que te invita –el Mesías, el Salvador–, entiendes que ese llamado a morir a lo que deseas no es algo negativo sino liberador, porque lo que Él ofrece es más noble, más precioso. Hacer Su voluntad y no la tuya es comida y bebida para el alma.

Volvamos a la escena del pozo, retrocedamos al punto de: "¡Ay, qué momento precioso!", cuando Jesús revela a la mujer que Él es el Mesías… La samaritana está en shock y mira fijamente a Jesús, todavía sostiene el cántaro en sus manos. Tiembla. Él la mira con ternura y compasión. El sol del mediodía cae perpendicularmente y el viento hace silencio. Nadie agita el agua en el fondo, así que también el agua hace silencio. De pronto se oyen los pasos apresurados de los discípulos que se acercan. Al verlos, ellos tampoco dicen nada, pero sus ojos sí. La samaritana está acostumbrada a oír los ojos que hablan y adivina sus preguntas: "Jesús, ¿qué haces hablando con esa mujer?, ¿por qué le diriges la palabra a una SA-MA-RI-TA-NA?". Esta vez no le afectan los juicios de la gente, ya no le importa el qué dirán porque el Mesías, conociendo perfectamente quien era ella, le habló y le ofreció Su agua. Entonces, deja el cántaro y se va. Los discípulos no hablan del asunto y, como habían ido a la ciudad a comprar comida, le ruegan: "Come, Maestro". Y Él les contesta: "Yo tengo un pan que ustedes no conocen". Ellos se preguntan unos a otros: "¿Le habrá traído alguien de comer?, ¿no sería esa la mujer de las papas?". Pero Jesús termina con el cuchicheo y dice: "Mi comida es hacer la voluntad de Mi Padre".

El diálogo profundo que mantuvo Jesús con la samaritana era, para el Maestro, cumplir con la voluntad de Dios. Eso le saciaba, le nutría, era como una comida riquísima. Así que ese día, junto al pozo, Jesús y la mujer habían comido y bebido un pan y un agua desconocidos que realmente satisfacían. Jesús sabía lo que Su palabra obró en esa mujer y era algo grande: ella fue a la ciudad y contó a todas esas personas (con quienes antes no quería encontrarse) lo que había escuchado y a Quién había conocido. Muchos samaritanos creyeron en el Salvador y corrieron a buscarlo para rogarle que se quedara unos días con ellos. Jesús estaba tan satisfecho de lo ocurrido en el corazón de esa mujer, esa era la obra de Dios que había venido a cumplir, esa era Su comida.

Seguro, la samaritana bebió del agua viva y luego comió el pan de hacer la voluntad de Dios, al evangelizar a su gente. Dejó su cántaro junto al pozo, pero estaba saciada. ⋅▬

La fe de la sirofenicia

A ntes de mirarnos en los ojos de esta mujer de la región de Fenicia (parte de la provincia romana de Siria), a quien dijo Jesús: *Oh mujer, grande es tu fe* (Mateo 15:28), es necesario que nos concentremos en esta palabra de dos letras, "fe", tan pequeña como un grano de mostaza, pero capaz de echar montes en la mar.

El famoso capítulo 11 de la Carta a los Hebreos, un libro del Nuevo Testamento, dice sobre la fe: *La fe es la certeza de lo que se espera, la convicción de lo que no se ve* (Hebreos 11:1). Y si continuamos leyendo, encontramos que *sin fe es imposible agradar a Dios* (v. 6). Para agradarle es necesario creer: creer en Él y en Su palabra. Creer quién es Dios –el Alfa y la Omega, el Primero y el Último, el Creador de cielos y tierra, el que reina sobre todo y todos, el que Es, el que Era y el que Ha de venir, el gran Yo Soy, el Sustentador del universo, el Todopoderoso, el Padre celestial, el Hijo y el Espíritu… así podría seguir mencionando lo que dicen de Él las Escrituras– y, si creemos en Él, como consecuencia, creeremos que cumplirá lo que ha dicho.

Cuántas veces hemos declarado: "Solo cree" o "ten fe", como si fuera sencillo. Creer es complicado, a menos que seamos como niños. He leído que algunos de los grandes intelectuales confiesan que darían todo por poder creer como las personas sencillas. Sin

123

embargo, todos hemos sido invitados a creer. Hay una fuente que produce fe, donde podemos buscarla si pensamos que nos falta: ...*la fe viene del oír, y el oír, por la Palabra de Cristo* (Romanos 10:17), por eso aquí va otra vez mi *jingle*: LEE LA BIBLIA.

La Palabra de Cristo produce fe. ¿Cómo creerás en Aquel de Quien no has oído (o leído)? (Romanos 10:14).

Hay ideas arrogantes y groseras en cuanto a la fe. Se oye por ahí: "Ten fe de que ascenderás a jefa y así será" o: "Cree que vas a sanar y tu enfermedad se irá ahora mismo", y, peor aún: "Pide con fe un nuevo auto y será tuyo" o: "Si tu esposo no se convierte es porque no tienes fe". ¡Qué errores tan grandes se cometen aun dentro de la iglesia! Si tan sólo leyéramos con atención el capítulo 11 de la Carta a los Hebreos, entenderíamos qué significa en verdad tener fe.

Este capítulo menciona una larga lista de "héroes de la fe", personas con virtudes y debilidades como cualquiera de nosotros, que dieron muestras de su fe con sus acciones. Entre ellos se mencionan a Noé, Abraham, Sara (su esposa), Jacob, Moisés, la ramera Rahab, Sansón, David... Ya escucho por ahí: "¡Espérate!, ¿dijiste ramera?, ¿una ramera en la lista VIP de los que tuvieron fe?". Así es, la historia de Rahab es preciosa –casi todos cuentan esta historia como "Josué

LA FE DE LA SIROFENICIA

y la caída de los muros de Jericó", se concentran en la gran victoria
épica, pero a mí me interesa también considerar los hechos desde
la mirada de esta mujer que vivía detrás de esos muros y tuvo fe–,
no te contaré nada para que corras a enterarte de los detalles en la
Biblia. Por ahora, enfoquémonos un momento en Abraham quien es
considerado el padre de la fe.

Dios pide a Abraham salir de la casa de sus padres e ir a una tierra
que Él le mostraría. También le dice que hará de él una gran nación
y que, a través de él, serían benditas todas las familias de la tierra
(Génesis 12:1-3). Abraham obedeció inmediatamente y salió de su
pueblo para ir al lugar donde fue enviado. Siglos después, se escribe
en el libro de Santiago: *Y ABRAHAM CREYÓ A DIOS Y LE FUE CONTADO
POR JUSTICIA* (Santiago 2:23). Abraham cree en el que lo envía y en Su
palabra. Cree, a pesar de que era viejo y su esposa también y, además,
ella era estéril. Cree que tendrá descendencia, que Dios le ha hablado
y que debe ir a esa nueva tierra. Esa fe fue contada como justicia:
Dios miró la fe de Abraham y dijo: "Es un hombre justo, es Mi amigo". No esperó Dios que Abraham demostrara ser justo –porque en
algún momento fallaría– sino que su fe era suficiente. La historia de
este hombre, el padre de la fe, ocurre muchos años antes de que la
Ley fuera dada a Moisés. Abraham fue considerado justo antes de
cumplir los diez mandamientos o de circuncidarse. Sin embargo,
demostró su fe al obedecer a Dios. No se quedó en su pueblo natal
diciendo: "Dios me habló y me hizo grandes promesas, ¡aleluya!, soy
un hombre bendecido, creo en Dios y le alabaré cómodamente en
mi casa". La única manera de demostrar que creía era obedeciendo.
Así que se fue camino a Canaán. Se fue porque Dios le había dicho:
Vete de tu tierra (Génesis 12:1). Dios continúa buscando hombres y
mujeres que confíen en Él completamente y lo demuestren a través
de la obediencia, Él aceptará esa clase de fe como sustituta de la
justicia perfecta.

125

Si tengo fe, Abraham también es mi padre. No lo es solamente de los israelitas (véase Romanos 9). Hijos de Abraham somos todos los que hemos creído en Jesucristo, somos los hijos de la promesa. Dios dijo a Abraham que multiplicaría su descendencia. ¿Y quiénes eran la descendencia de Abraham? ¿Solamente los judíos? Abraham es el padre de los israelitas, según la carne, pero no olvidemos el pacto que Dios hizo con él: *...serás padre de multitud de naciones* (Génesis 17:4). Todas las demás naciones son gentiles (no judías), por lo tanto Abraham es también nuestro padre espiritual, si tenemos fe en Dios y Su obra a través de Jesucristo.

Volvamos a la lista VIP de Hebreos 11. Esos hombres y mujeres de fe no fueron perfectos. Algunos dirán: "¿Sansón es considerado un héroe de la fe? ¿En serio? ¿Sansón, el que se fugó con Dalila?". Cuando Dios ve que creemos, se complace, esa fe es sustituta de la perfecta justicia. Estas personas imperfectas –como tú y yo– también pecaron pero, si cayeron, por fe se levantaron, por esa fe que era el motor y la razón de su vida. Ellos no tuvieron fe en que se cumpliría su propio sueño o capricho o deseo. Tuvieron fe en Dios: creyeron en Su palabra, Sus órdenes, promesas, advertencias, profecías... Porque creyeron, obraron en obediencia. Revisemos algunas de las acciones que evidenciaron su fe:

> ...por la fe conquistaron reinos, hicieron justicia, obtuvieron promesas, cerraron bocas de leones, apagaron la violencia del fuego, escaparon del filo de la espada; siendo débiles, fueron hechos fuertes, se hicieron poderosos en la guerra, pusieron en fuga a ejércitos extranjeros. Las mujeres recibieron a sus muertos mediante la resurrección; y otros fueron torturados... Otros experimentaron vituperios y azotes, y hasta cadenas y prisiones. Fueron apedreados, aserrados, tentados, muertos a espada; anduvieron de aquí para allá cubiertos con pieles de ovejas y de cabras;

destituidos, afligidos, maltratados (de los cuales el mundo no era digno), errantes por desiertos y montañas, por cuevas y cavernas de la tierra (Hebreos 11:33-38).

¡Qué cantidad de acciones inesperadas encontramos aquí! Se necesita fe para conquistar un reino o cerrar bocas de leones, pero también para soportar torturas, aflicciones o maltratos. Nos gusta oír: "Ten fe de que todo saldrá bien", pero, si fuera así, no se hubiese necesitado fe para ser apedreados, azotados o asesinados. Lo bíblico sería decir: "Ten fe de que Dios estará contigo en cualquier circunstancia, te fortalecerá en cualquier debilidad y usará hasta lo malo o doloroso de un acontecimiento para tu bien, el bien de otros y de Su Reino". ¿Crees en Dios o crees en las promesas fáciles de Sus simpatizantes? ¿Crees en Dios? ¿Qué has hecho por fe? Cuando Dios te ha dado una orden específica, ¿le has obedecido? Tal vez me digas: "No me ha pedido mayor cosa hasta ahora". Así viví yo hasta mis 33 años y no fue porque Dios no quisiera hablarme, sino porque yo no quería escucharle. La lectura diaria de la Palabra de Dios y la oración nos mantienen en un diálogo permanente con Dios. No leemos la Biblia para saber más o para ser maestros de escuela dominical. La leemos para oír la voz de Dios: guía constante, consuelo, demandas, fortaleza… Y para aumentar nuestra fe. ¡Cuántas veces Jesús les dijo a Sus discípulos "hombres de poca fe"! Pero a esa mujer extranjera, de quien te contaré hoy, le señaló: "Grande es tu fe".

La historia está registrada en los Evangelios de Marcos y Mateo. Los escritos tienen diferentes perspectivas sobre el mismo acontecimiento, por lo que me gustaría que leamos los dos relatos:

Relato de Marcos:

Levantándose de allí, se fue a la región de Tiro, y entrando en una casa, no quería que nadie lo supiera, pero no pudo pasar inadvertido; sino que enseguida, al oír hablar de Él, una mujer cuya hijita tenía un espíritu inmundo, fue y se postró a sus pies. La mujer era gentil, sirofenicia de nacimiento; y le rogaba que echara fuera de su hija al demonio. Y Él le decía: Deja que primero los hijos se sacien, pues no está bien tomar el pan de los hijos y echarlo a los perrillos. Pero ella respondió y le dijo: Es cierto, Señor; pero aun los perrillos debajo de la mesa comen las migajas de los hijos. Y Él le dijo: Por esta respuesta, vete; el demonio ha salido de tu hija. Cuando ella volvió a su casa, halló que la niña estaba acostada en la cama, y que el demonio había salido (Marcos 7:24-30).

Relato de Mateo:

Saliendo Jesús de allí, se retiró a la región de Tiro y de Sidón. Y he aquí, una mujer cananea que había salido de aquella comarca, comenzó a gritar, diciendo: Señor, Hijo de David, ten misericordia de mí; mi hija está terriblemente endemoniada. Pero Él no le respondió palabra. Y acercándose sus discípulos, le rogaban, diciendo: Atiéndela, pues viene gritando tras nosotros. Y respondiendo Él, dijo: No he sido enviado sino a las ovejas perdidas de la casa de Israel. Pero acercándose ella, se postró ante Él, diciendo: ¡Señor, socórreme! Y Él respondió y dijo: No está bien tomar el pan de los hijos, y echárselo a los perrillos. Pero ella dijo: Sí, Señor; pero también los perrillos comen de las migajas que caen de la mesa de sus amos. Entonces, respondiendo Jesús, le dijo: Oh mujer, grande es tu fe; que te suceda como deseas. Y su hija quedó sana desde aquel momento. (Mateo 15:21-28).

La narración empieza diciendo que Jesús Se levantó de ahí y Se fue a la región de Tiro y de Sidón. Jesús había tenido una fuerte confrontación con los líderes religiosos judíos (sobre el tema: "lo que contamina al hombre") y, para evitar sus críticas y calmar los ánimos, se va fuera de los límites de Israel, a la región de Fenicia, en la costa del Mar Mediterráneo, donde vivía gente pagana, un sitio donde los judíos normalmente no irían para no contaminarse. Jesús no quiere ser visto, no visita ese lugar con fines evangelizadores sino, quizás, para evitar las represalias de los fariseos. Pero las noticias vuelan y esta mujer gentil, de nacionalidad sirofenicia (llamada por Mateo "cananea" porque los pobladores del lugar descendían de los cananeos), se entera de Su presencia en el pueblo y corre a buscarlo.

Es interesante que los líderes judíos acabaran de rechazarlo y esta mujer –que no era parte de la casa de Israel, que no pertenecía al pueblo del pacto– abraza desesperadamente Sus pies y se postra ante Él. Imagínala con el rostro en tierra… esta posición indica humildad, reverencia y una enorme necesidad. Su hijita era atormentada por un espíritu, estaba terriblemente endemoniada. El cuerpo de esta mujer postrado ya era un clamor viviente, pero clama también a gritos: *Señor, Hijo de David, ten misericordia de mí*. Ella sabe Quién es Jesús, cree en Él. Llamarlo "Hijo de David" era una declaración de fe: Él es el Mesías, el Salvador prometido a Israel. No sabemos cómo conoció esta verdad, quizás había escuchado algo de la fe judía, de la esperanza del Mesías.

Primero Jesús no le contesta, la ignora –lo que pudo significar, para ella, rechazo–, pero la mujer no se da por vencida: insiste, grita, ruega, no le importa quién la oiga ni quién se moleste, y es tan insistente que los discípulos no resisten más y le dicen a Jesús, exasperados: *Atiéndela, pues viene gritando tras nosotros*, pero otras versiones dicen: *Despídela…* "¡Jesús, dile que se vaya!".

A veces, leemos la Biblia así: "blablablá-blablablá"… necesitamos que el Señor nos despierte para que pongamos atención a estos detalles tan interesantes. Mira lo divertida que es la lectura: "¡Dile que se vaya, nos molesta!".

Entonces, Jesús mira a la mujer y le dirige la palabra por primera vez: *No he sido enviado sino a las ovejas perdidas de la casa de Israel.* El ministerio principal del enviado de Dios, el Cristo, en este momento de la historia, era atender a los hijos de Israel, no a los gentiles (años después, el apóstol Pablo fue llamado a predicar a los gentiles). Eso lo sabían bien Sus discípulos porque Jesús mismo les había encargado antes la misión de ir "a las ovejas perdidas de la casa de Israel", con la instrucción clara de no pasar "por el camino de los gentiles" (Mateo 10:5,6). Jesús vino primero por Su pueblo. Más tarde, el apóstol Juan dice sobre esto: *A lo suyo vino, y los suyos no le recibieron* (Juan 1:11). El pueblo judío había esperado al Mesías y, aunque muchos creyeron en Jesús como su Mesías prometido, muchos más lo rechazaron. Muy triste que lo hubieran estado esperando y lo dejaran pasar.

Y ahí está Jesús con Sus discípulos y una mujer gentil que ha visto un destello de luz frente a su casa y no quiere dejarlo pasar. A pesar de lo que acaba de escuchar, ella hace otro intento y suplica: *¡Señor, socórreme!* Jesús le contesta: *Deja que primero los hijos se sacien...* ¿Primero quiénes? Primero, los hijos del pacto, de las promesas. ¿Y luego? Jesús añade: *No está bien tomar el pan de los hijos, y echárselo a los perrillos.* Los judíos, en ese tiempo, llamaban a los gentiles "perros". Aunque Jesús usa un diminutivo: "perrillos", no deja de ser dura esta frase para alguien que enfrenta la desesperanza, que no encuentra manera en este mundo de solucionar el inmenso problema de su hijita. Con cierta frialdad, Jesús le presenta el cuadro conmovedor de una mesa servida para Sus hijos –Sus hijitos– con cachorros alrededor pidiendo pan, amenazando apropiarse de la comida que no les corresponde.

Si a mí me hubiese dicho eso el Señor –a mí, que soy neoyorquina–, le habría respondido: "Discúlpeme, Señor, pero ¿me está llamando perro? ¿Dijo, por desgracia, "perro"? ¡Oh, no, no lo hizo, usted NO me llamó perro!". Sin embargo, adoro la actitud de esta mujer, ella es una de mis grandes heroínas de la Biblia, la quiero conocer en el cielo. Entremos en su mente unos momentos: "La mesa está puesta para los hijitos del Señor. Él también tiene hijos, como yo... Para ellos soy un perro que podría quitarles su comida... ¡No me importa quién soy yo o qué! He oído de Jesús, Él es el Único que puede liberar a mi hija, pero tiene razón –Él conoce todo–, no está bien que yo tome el pan de Sus hijos". Luego, la mujer dice algo que asombra a Jesús y nos deja sin aliento: "Entiendo lo que soy para ustedes y no importa cómo me llames, sé que fuiste enviado a Tu pueblo y estoy de acuerdo contigo, no está bien tomar el pan de los hijos y echárselo a los perros, pero... cuando un pan se rompe, algunas migajas caen al suelo... Todo lo que necesito de Ti es... una migaja".

¡No hay ninguna defensa en sus palabras! Su humildad es admirable y, sobre todo, su fe: *Sí, Señor; pero también los perrillos comen de las migajas que caen de la mesa de sus amos.* "Si Tú dices que soy un perro buscando pan alrededor de la mesa de mis amos, lo soy, soy Tu sierva (¡y qué bien descendió, sin saberlo, por la escalera de Filipenses 2:5-11!), aunque no sea hija, soy un cachorro alrededor de su amo y me contento con las migajas".

En mi opinión, estas palabras quebraron a Jesús. Honestamente, creo que Él sabía lo que había dentro de esta mujer y, por eso, dijo lo que dijo. Primero, su silencio y, luego, esas palabras que podrían resultar hirientes para alguien que sirve al dios de sí mismo, alguien que, al oírlas, no pensaría en Quién las ha dicho sino en su propio yo herido. Pero la sirofenicia se humilla a sí misma delante de Aquel en quien tenía fe. Se reconoce indigna y respeta la soberanía del que le habla. Me parece que su respuesta: *...también los perrillos comen de las migajas que caen de la mesa* es otra forma de decir: "No se haga mi voluntad sino la tuya". "Señor, si te había pedido comer pan, sentada a la mesa, ahora me conformo con cualquier migaja que quieras darme. Una migaja Tuya es suficiente". Y Jesús, al oír estas palabras sorprendentes, dice: *Oh mujer, grande es tu fe... Por esta respuesta, vete; el demonio ha salido de tu hija.*

¿Cómo es nuestra fe? ¿Cómo es nuestra respuesta? ¿Se parece a la de esta hija de Abraham? ¡Sí, hija de Abraham! Aunque era gentil, sirofenicia de nacimiento, ahora podemos llamarla "hija de Abraham" porque tuvo fe, al igual que él.

¿Cuál ha sido nuestra actitud al acercarnos a Dios con una necesidad? "Si no me das esto, significa que no me amas, Señor... He hecho lo correcto por tantos años, te he servido y Tú ¡no me respondes cuando clamo con desesperación! He rogado de rodillas, de mañana, tarde y noche, y pido algo justo, ¿qué esperas para dármelo?".

Enfrenté una situación familiar difícil y sentí que Dios me ignoró por cinco años. Él nunca nos ignora, pero así nos sentimos si Dios no nos responde de la manera que esperamos. Seguramente Él hubiera deseado que yo le dijera durante esos años: "Estoy atravesando esta situación y quisiera que este gran problema se resuelva, pero dame tan solo una migaja porque una migaja Tuya es suficiente".

Quisiera que mi fe se parezca a la de esta mujer. Quisiera humillarme ante la presencia de Dios y decirle: "No entiendo lo que estás haciendo, por qué las cosas sucedieron de esta forma tan cruel, no sé por qué mi padre no fue sanado, por qué me desamparaste, no alcanzo a entender por qué esta persona no ha llegado a ser salva y se mantiene en rebeldía, o por qué todavía estoy desempleada". Con nuestras preguntas y frustraciones, vengamos al Señor y postrémonos, abrazando Sus pies, doblegando el corazón hasta morir al YO exaltado. Saciémonos con las migajas que han caído de Su mesa.

Dice la Biblia que los héroes de la fe mencionados en Hebreos 11 no alcanzaron lo prometido. Abraham, por ejemplo, no alcanzó a ver la gran nación que nació de su hijo Isaac, ni la bendición que vendría (a través de Cristo) para todas las familias de la tierra. Pero tuvo fe en Aquel que prometió. Estos héroes también obedecieron las demandas de Dios porque tuvieron fe en Aquel que daba la orden.

Y, por último, me atrevo a tocar tu hombro una vez más... Necesitamos fe para responder a la invitación de la que hemos venido hablando durante todas estas páginas. Necesitamos, además de la fe, la ACTITUD de la sirofenicia. Apaguemos todo clamor. Dejemos que el viento despeine nuestro cabello y nos despoje de nuestras propias voces, de nuestro YO que nos clava las uñas en la mente. Oigamos tan solo el correr del aire entre las hojas y la Voz que traspasa el tiempo y el espacio, llamándonos aún:

Si alguno quiere venir en pos de mí, niéguese a sí mismo, tome su cruz cada día y sígame (Lucas 9:23). ●▬

El amor de la moabita

C uando la gente se casa, muchas veces escoge para la ceremonia o para las tarjetas de invitación, el pasaje... Digámoslo en coro... ¡1 Corintios 13! El famoso capítulo del (aquí levanto mis brazos y agito la batuta del director de orquesta para que digas conmigo)... AMOR. Y sí, es un capítulo precioso (lo digo danzando, casi volando): "El amor todo lo sufre, todo lo cree (abro mis alas), todo lo espera, todo lo soporta"... y es verdad. Pero en la Biblia encontramos la historia de una mujer de la tierra de Moab, llamada Rut, que demostró ese amor con hechos y palabras. Sueño con poder imitarla, no solo con mis acciones, sino con mis actitudes.

El último versículo de 1 Corintios 13 dice: *Y ahora permanecen la fe, la esperanza y el amor, estos tres; pero el mayor de ellos es el amor* (1 Corintios 13:13). Cuando pienso en Rut, me estremezco. Todo un libro del Antiguo Testamento está dedicado a ella... ¡deberías leerlo! Apaga la novela porque esta es la mejor novela que podrás ver en tu vida (cuando lees, una película pasa por tu imaginación). Antes de casarme, era adicta a las telenovelas... En América Latina, ¡las telenovelas por lo menos se acaban! En los Estados Unidos pareciera que son eternas: hay una que se llama *All My Children* –41 años al aire– y otra *"General Hospital"* –¡más de 50 años de emisiones diarias y esa gente todavía está trastornada!–. Apaga, apaga la televisión. No hay novela mejor que Rut. Y eso que no es novela porque se trata de la narración de hechos históricos. Los personajes en realidad existieron y Dios los ha puesto como ejemplo y testimonio de Su obra en medio de circunstancias difíciles para que lo conozcamos mejor. El versículo que cité anteriormente nos da la pauta para iniciar la reflexión sobre Rut. Me gustaría que descubras conmigo su fe, esperanza y amor.

Intentaré hacer un breve resumen del libro, pero sugiero que lo leas. Cuenta el texto bíblico que, en época de hambruna, una familia salió de su tierra natal, Belén, para ir a Moab en busca de sustento. El padre se llamaba Elimelec; la madre, Noemí y tenían dos hijos. Al poco tiempo de establecerse en la nueva tierra, Elimelec murió y Noemí se quedó con sus hijos, quienes se casaron con dos muchachas moabitas: Rut y Orfa.

Me gustaría que observemos algo: esta familia sale de Belén. El significado del nombre de esa ciudad, Belén, es "casa de pan". Resulta contradictorio pensar que Elimelec y los suyos salen de su "casa de pan" a buscar pan en Moab. ¡Ay ay ay! Moab era una tierra hostil para los israelitas. Las relaciones entre estos dos pueblos eran pésimas. Había una antigua prohibición de aceptar a los moabitas en la congregación del Señor (Deuteronomio 23:3-4). De todas formas, la familia se va a esta tierra y echa raíces allí. Los hijos se casan con mujeres extranjeras —con quienes no se suponía que debían casarse, según el mandamiento de no tomar por mujer a una extrajera que adorara a dioses falsos (Deuteronomio 7:3-4)–. Ya veremos después que Dios hace Su voluntad a pesar de las contradicciones y de cualquier circunstancia. Me encanta de este libro, que no importa si la decisión que tomaron fue incorrecta porque Dios interviene y perdona, restaura, lava, sana, redime... ¡Qué lindo! Solo Dios puede tomar la equivocación, el pecado y transformarlo.

Luego de unos años, también murieron los hijos de Noemí y quedaron las tres mujeres viudas. Entonces, Noemí decidió volver a Belén y sus nueras la acompañaron pero, a medio camino, ella les dijo: *Id, volveos cada una a la casa de vuestra madre. Que el SEÑOR tenga misericordia de vosotras como vosotras la habéis tenido con los muertos y conmigo...* (Rut 1:8). La suegra recomendó a sus nueras casarse de nuevo y se despidió de ellas con un beso, pero Rut y Orfa se pusieron a llorar a gritos, insistiendo en regresar con su suegra a Belén. Noemí trató de explicarles mejor: "No, no, no vengan conmigo, no tengo nada que ofrecerles, quédense aquí porque aquí tienen más esperanza de encontrar otros maridos, pero si vienen conmigo, ¡no tengo nada! Y, si están esperando que yo tenga más hijos para dárselos como esposos, ¡ya estoy demasiado vieja para esos trotes!". Las dos nueras, otra vez, lloraron a gritos junto a Noemí: "¡Buuuuuuuuuu! ¡Buuuuuuuuuuuu!" (La Biblia dice que eran moabitas, pero yo digo en broma que ¡eran latinas estas lloronas!). Y decían: "No, no, no... ¡nos vamos contigo!". Por fin, Orfa besó a Noemí, se despidió, dijo: "Bye" y se fue, mientras que Rut se quedó.

¿Cómo se había comportado Noemí con estas muchachas que Rut no quería separarse de ella? ¿Así te quiere tu nuera? ¿Así quieres a tu suegra? Esto fue nada más un paréntesis.

Noemí todavía intentaba convencer a Rut de volver a casa de sus padres y le dijo: Mira, tu cuñada ha regresado a su pueblo y a sus dioses; vuelve tras tu cuñada. Pero Rut le contestó... Es increíble que las palabras que se usan más en las bodas y en las invitaciones de matrimonio –más que 1 Corintios 13– sean las palabras que una NUERA dijo a su SUEGRA. ¡Las palabras más lindas de amor son entre nuera y suegra! Rut le dijo: *No insistas que te deje... porque adonde tú vayas, iré yo, y donde tú mores, moraré. Tu pueblo será mi pueblo, y tu Dios mi Dios* (Rut 1:16). ¡Señor! ¡Hay que orar ahora mismo! ¡Qué amor tan grande fluye de estas palabras!

Rut renuncia a su casa, a la casa de sus padres, a la tierra que la ha cobijado toda su vida, a su pueblo y a sus dioses para ir hacia la incertidumbre, hacia la carencia total de recursos y amparo, hacia un pueblo desconocido y hacia un Dios extraño. ¿Por qué lo hace? Por amor a Noemí. La moabita vivió con su suegra diez años. Parece que Noemí reflejó muy bien la imagen de Dios porque Rut, lo poco que conoció del Dios de Israel, lo vio en Noemí. ¿Cómo sería la conducta de esta mujer con su esposo, sus hijos y sus nueras para que ellas hayan llorado tanto solo de pensar en separarse? Rut conoce algo de Jehová por el testimonio de Noemí, entiende que su suegra cree en un solo Dios, el Único Dios verdadero –a diferencia de su pueblo que adoraba a muchos dioses– y decide abrazarlo: "Tu Dios será mi Dios". Tuvo fe. ¡Ay, Señor, que mi manera de vivir gane a mi nuera para Cristo! (aunque la mía es santa, gracias a Dios). Pero si tú tienes una nuera que no conoce al Señor, que tu vida sea tan impactante que la ganes. Este era otro paréntesis.

Rut y Noemí siguieron andando el camino de regreso a Belén. Iban una judía y una gentil, de la mano. Una moabita que no buscaba nada para sí misma, que iría a quedarse con una mujer anciana para cuidarla. Una judía y una moabita con poco o nada de esperanza. Cuando llegaron, la gente de Belén se conmovió al verlas y se preguntaba si la triste anciana era la graciosa Noemí que se había ido hace años. Pero Noemí pide a sus vecinas: *No me llaméis Noemí* –que quiere decir "placentera"–, *llamadme Mara* –que significa "amarga"– *porque el trato del Todopoderoso me ha llenado de amargura. Llena me fui, pero vacía me ha hecho volver el SEÑOR* (Rut 1:20,21).

La situación de las dos mujeres era grave. Casi no tenían recursos para sobrevivir. Las tierras que habían sido del esposo de Noemí no podían ser cultivadas por falta de obreros y semilla. Además, los ricos se aprovechaban del estado de miseria para comprar las propiedades de los pobres y los dejaban sin nada. Debían encontrar una manera de alimentarse.

En Belén comenzaba la cosecha de la cebada, así que Rut le pidió a su suegra que le diera permiso para ir al campo a recoger las espigas que los segadores dejaban caer al suelo. La ley judía mandaba que la parte de la cosecha que cayera mientras trabajaban los siervos en el campo se dejara para los inmigrantes, las viudas y los huérfanos (Deuteronomio 24:19-22). Ese era el mandamiento, pero no todos lo cumplían, por eso Rut dijo a Noemí que iría *en pos de aquel a cuyos ojos halle gracia* (Rut 2:2), iría detrás de alguien que bondadosamente le permitiera recoger espigas. Lo que había sido un derecho de los pobres otorgado por Dios, ahora dependía de la buena voluntad del dueño de las tierras (así estaba la condición de Israel por el pecado). En esas circunstancias, lo que haría Rut era casi como pedir limosna. Iría a buscar lo que encontrara, a recoger lo que le concediera el dueño de la cosecha. Pero es asombroso que Rut, la extranjera, confiara en el Dios que había dado el mandamiento. Es ella quien ruega a Noemí que la deje ir. Su acción de presentarse en un campo y recoger espigas era decirle a Dios mismo: "Aquí estoy, con mi cuerpo necesitado, dependiente de Tu gracia, lista para recoger lo que Tú me entregues. No sé si el dueño del campo me permitirá hacerlo, pero mi cuerpo inclinado buscando en el suelo le recordará Tu ley. Gracias porque en los campos de Tu corazón siempre están las viudas y los pobres de la tierra". Rut tenía esperanza.

Mientras Rut trabajaba, llegó el dueño del campo, un hombre llamado Booz. Inmediatamente, se dio cuenta de la presencia de Rut y preguntó a su mayordomo quién era ella. El siervo le explicó que era la nuera de Noemí y que no había descansado ni siquiera un momento. Entonces Booz se acercó a ella y le habló –¡léelo en la Biblia!–: "He oído de ti, quédate aquí, en mis campos, no te vayas a ninguna otra parte y ven, come conmigo". Y metió el pancito en el aceite y se lo dio –así hacía mi abuelo italiano cuando preparaba salsa de espagueti, metía el pan en la salsa y me lo daba, era una forma de cariño... "prueba esto, toma"–. Entonces Rut bajó la mirada, se arrodilló ante él y le contestó: *¿Por qué he hallado gracia ante tus ojos para que te fijes en mí, siendo yo extranjera?* (Rut 2:10). En otras palabras, le decía: "¿Por qué usted me trata así, si no lo merezco?". La actitud de ella... ¡qué cosa linda! Ya me imagino si fuera yo la que hubiese estado recogiendo espigas todo el día... ¡ay, lo que le habría respondido!: "¡Ya era tiempo... ya era tiempo de que alguien me hiciera caso! ¿Tienes una mínima idea de lo que he sufrido? ¡No sabes! ¡El dolooooooooooooor!" Así somos. Pero Rut descendió por la escalera de Filipenses 2:5-11, y Booz se dio cuenta de todo su descenso, cuando le dijo:

> Todo lo que has hecho por tu suegra después de la muerte de tu esposo me ha sido informado en detalle, y cómo dejaste a tu padre, a tu madre y tu tierra natal, y viniste a un pueblo que antes no conocías. Que el Señor recompense tu obra y que tu remuneración sea completa de parte del Señor, Dios de Israel, bajo cuyas alas has venido a refugiarte (Rut 2:11-12).

Por amor, Rut lo había dejado todo: De hija amada en la casa de sus padres, rodeada de la prosperidad de Moab y, seguramente, del amor de un nuevo esposo, había descendido a la condición de inmigrante en tierra extraña, y siendo inmigrante, descendió después a la condición de sierva sin paga y mendiga. Pero las palabras de Booz la bendicen, la exaltan.

Al llegar la noche, Rut regresó cargada de veinte kilos de cebada y algo del almuerzo que había guardado para Noemí. Entonces, su suegra sorprendida, le dijo: "¡Mira qué motete que has traído! ¿A dónde fuiste y quién te lo ha dado?". Y Rut le respondió: "Bueno, yo llegué a la finca de un hombre que se llama Booz...". Al oír ese nombre Noemí, a punto de un desmayo, le interrumpió: "¿¡Que, qué!? ¡Ese es pariente nuestro, ja, ja, ja! ¡Alguien que podría rescatarnos!". (En la Ley de Moisés se habla del pariente redentor, un familiar cercano que podía intervenir para socorrer a una viuda en desgracia o darle descendencia. Véase Levítico 25:25; Deuteronomio 25:5). Rut continuó con sus ojos brillando de esperanza: "Me dijo que me quedara con él y con sus siervas y que no me fuera a ningún otro campo". Entonces, le expresó su suegra: "¡Ay, mi amor, pues quédate ahí!". Y a Noemí también le brillaban los ojos que habían estado cenicientos por largos días.

Cuando terminó la cosecha, Noemí dio instrucciones muy precisas a su nuera: "¿Sabes lo que quiero que hagas? Vete al campo donde estará hoy Booz. Espera a que coma, beba y se duerma. Pero debes irte con tu mejor vestido y no olvides el perfume... Cuando esté dormido, acuéstate a sus pies". Ahora era Rut la que dijo: "¿¡Que, qué!?" –hasta los dichos se le pegaron de Noemí–, pero enseguida añadió: "Haré todo lo que tú me digas". Si yo fuera Rut, hubiera dicho: "No sé, Noemí me mandó... No sé lo que hago aquí, pero Noemí dijo que venga y vine". Y Rut hizo lo que le pidió su suegra, se acostó y cuando Booz despertó a media noche, ella le dijo: "Cúbreme con tu manto" que, según la costumbre judía, significaba: "Cásate conmigo porque eres mi pariente redentor". Ahora fue Booz el que dijo: "¿¡Que, qué!?" No es cierto. Era solo para que me des la razón sobre lo emocionante que es el libro de Rut. Si no lo has leído, te lo estás perdiendo... ¡Apaga la novela! Entonces, Booz, halagado por la propuesta de Rut, le contestó: "Estoy impresionado de que me hayas buscado a mí y no a otro más joven, rico o pobre, pero más joven". Luego le pidió que se fuera muy temprano para que nadie la humillara y la mandó otra vez con un montón de comida. "Llévasela a Noemí", le pidió y luego le dijo que esto y lo otro y lo de más allá... No me tomes la palabra a mí, ¡lee la Biblia! Es fascinante.

Lo cierto es que Booz hizo los arreglos que la ley judía exigía y se casó con Rut, la redimió, según las costumbres israelitas. Ante los ancianos y el pueblo entero, dijo: *Vosotros sois testigos hoy que he comprado de la mano de Noemí todo lo que pertenecía a Elimelec... Además, he adquirido a Rut la moabita, la viuda de Mahlón para que sea mi mujer a fin de preservar el nombre del difunto en su heredad...* (Rut 4:9,10). Todos celebraron esta unión y los bendijeron. Pronto, Rut quedó embarazada y dio a luz un niño al que llamaron Obed y las mujeres del pueblo emocionadas, decían a Noemí: ¡*Alabado sea el Señor, que te concedió tener un nieto que te rescatara!.. Ese niño te infundirá nuevos ánimos, y te brindará apoyo en tu vejez. Tu nuera, que te ama y dio a luz ese niño, es de más valor para ti que siete hijos* (Rut 4:14-15, RVC). ¡Qué historia! Y no termina aquí el gozo. Ese niño, Obed, fue el padre de Isaí, padre del rey David. ¡Rut, la extranjera moabita, entró a la línea de los antepasados del mismo Jesús de Nazaret!

Rut amó profundamente a Noemí, tuvo fe en Jehová por lo que se multiplicó su esperanza. Rut renunció a lo suyo, descendió por la escalera de la humillación y, como consecuencia, fue exaltada. Recibió la honra del pueblo que la acogió, el cuidado y respeto de su marido y un nombre, entre tantos otros nombres de la historia, recordado y celebrado.

Pero hubo un momento en el camino a Belén cuando ella tuvo que decidir. Con lágrimas eligió el rumbo que parecía más oscuro, pero con gozo abrazó la recompensa del Señor. Por unos minutos, vuelve la mirada a tu circunstancia actual: ¿vas de camino a Belén o has decidido regresar a Moab?

Parte IV:
Lo nuevo

Una carrera que no la corría yo

En mi propio "camino a Belén", recuerdo que andaba como luna nueva, todavía opaca; luego de renunciar a todo brillo soñado, pero con los destellos de la imagen de Cristo reflejándose en mí y transformándome... En mi pequeño hoyo escondido del mundo, mi iglesia en Harlem y la privacidad de mi hogar, me concentraba en cumplir la tarea de ser mejor esposa, madre y mejor hermana en la iglesia... cuando recibí una llamada. Era un productor de *Discovery House (RBC Ministries)*, una casa de publicaciones cristianas que, además, producía un conocido programa de televisión, de enseñanza bíblica, llamado *Day of Discovery* (traducido al español como *Tiempo de buscar*). Ese timbre de teléfono sonó en 1990, dos años después de mi llamado en Argentina.

La voz del otro lado me dice: "Hola Dámaris, me encantaría traerte a Grand Rapids, Michigan, para que conozcas nuestro ministerio, *Our Daily Bread* (*Nuestro pan diario*). ¿Te interesaría ser una *Discovery Singer* (o sea una cantante de la casa Discovery)? Nuestros cantantes salen tres veces al año para grabar vídeos musicales de alabanza en hermosos paisajes naturales de los Estados Unidos". Casi no podía creerlo. Tan escondida como estaba y tan alejada de todo

145

contacto con el agitado mundo artístico, lo más lógico hubiese sido que nadie en el universo me tomara en cuenta para nada. El Señor me había dicho seriamente: "No es tu responsabilidad buscar puertas abiertas, Yo las abro. Hasta ahora no has hecho nada más que tratar de empujar la puerta y decir: 'Aquí estoy, aquí estoy'. Ya no más, no solicites invitaciones, ni audiciones". Y lo obedecí al pie de la letra. Pero un antiguo amigo mío, productor musical, había recomendado mi nombre para añadir algo de color al grupo oficial de cantantes de *Discovery* –según él, el grupo era demasiado "white", demasiado blanco o descolorido y había que incorporar algo de sangre latina–, seguramente lo hizo por voluntad de Dios. Por eso, cuando sonó el teléfono, fue revolucionario para mí. Dije: "Verdaderamente Señor, si Tú quieres usar a alguien, aunque esté encerrado en una montaña y piense: 'Aquí nadie me encuentra', Tú lo encuentras. Aunque piense: 'Aquí, en este hoyo me quedo', si Tú quieres, lo sacas de ahí". Entendí que esa llamada debía haber llegado de parte de Dios, con Su permiso y de acuerdo a Su voluntad porque yo misma no había tocado esa puerta. Se había abierto sola o, más bien, Alguien en el cielo la había abierto. Entonces, acepté.

Fui a Grand Rapids y compartí con un grupo de unas diez personas fantásticas. Grabamos canciones que serían difundidas en el programa *Day of Discovery* (*Tiempo de buscar*), en sus segmentos de apertura y cierre, para acompañar la enseñanza bíblica. Diferentes artistas participamos en los vídeos musicales. Hice lindas amistades ese primer año.

Poco después, el productor me propuso hacer un programa especial conmigo, como solista, cantando en distintos escenarios de Nueva York –los sectores agradables y también los sitios feos de la ciudad– y grabé cinco canciones, con sus respectivos vídeos. Al inicio, simplemente me había imaginado que cantaría en el grupo de artistas, pero jamás se me ocurrió que harían un programa entero solo conmigo. Luego el productor me dijo: "Ya grabaste cinco canciones tú sola, si grabamos cinco más, tendremos un disco y eso te ayudaría en tu ministerio". Estuve a punto de contestar: "¿¡Qué ministerio!?" No lo hice, pero lo pensé. Así me lo ofreció y yo acepté. Grabamos cinco temas más y en el 91 salió *Never Alone*, ¡mi primer álbum con *Discovery House*! Entonces, pensé: "¿Qué voy a hacer?, porque no tengo un ministerio". No exagero al decir que, luego de un mes, una iglesia de Carolina del Norte, donde había vivido por tres años, me invitó a cantar, sin saber que tenía un disco. En la presentación, usé mis pistas y vendí las copias que llevé. Sin tocar una sola puerta ni solicitar una sola invitación, empecé a recibir llamadas de diferentes sitios del país para invitarme. En el 92, fui con el pastor Cymbala y el coro del Tabernáculo del Brooklyn al Instituto Bíblico Moody, en Chicago. Ahí me dieron una mesita para que venda mis discos, pero lo que no sabía yo era que mi música ya se estaba tocando en Chicago, en la radio de Moody. La gente, sorprendida, venía a la mesa preguntando: "¿Eres Dámaris?", y yo, mucho más sorprendida, les decía: "¿Tú me conoces?". ¡Y compraban mis discos! Así comenzó todo.

Nunca tuve un plan de fundar un ministerio o de hacer esto o lo otro… Las cosas se fueron dando sin forzarlas. Estaba concentrada en oír la voz de Dios, Su dirección. Por mucho tiempo había trazado mi propio plan, fuera de Sus propósitos, y ya no quería darme el gusto a mí misma sino vivir esa vida abundante que Jesús ofrece. Recuerdo que cuando fui a dar el concierto en la iglesia de Carolina del Norte, me di cuenta de que no solamente quería cantar, sino que necesitaba saber por qué cantaba cada canción. Me fascina hablar entre los temas musicales, compartir con el público. Entendí que debía prepararme, conocer la Palabra de Dios, alistar mi mente y mi corazón para hablar con la gente sobre el Único que merece toda nuestra atención y nuestro aplauso. Mi lectura de la Biblia se intensificó. Esa urgencia recibí de parte de Dios y la tarea me encantó… Entonces, cuando pienso en "ministerio", me gusta recordar las distintas tareas que Dios me ha pedido cumplir para servirle a Él, a mis hermanos en la fe y al mundo. Porque ministrar significa "servir". Algunos se enorgullecen de "su" ministerio, quizás porque es más suyo que del Señor… Si las órdenes las da Él y las puertas se abren por Su gracia, ¿de qué podríamos sentir orgullo?

Ahora que miro hacia atrás, resulta increíble que grabara catorce discos con *Discovery House*, uno cada dos o tres años, sin pedir ni uno solo. El productor me llamaba: "Vamos a hacer otro disco, uno de navidad, otro en español, uno de alabanzas y uno más…". Yo nunca pedí nada. Me quedaba asombrada y humillada delante de Dios. Grabar un disco es el sueño, a veces imposible, de todo cantante. Es costoso y exige el concurso de artistas y gente profesional que trabaje con pasión. Muchos renuncian ante la enorme montaña de obstáculos que una producción discográfica significa. Yo conocía perfectamente lo difícil que era conseguir un productor, un estudio, músicos, fotógrafos, diseñadores, sonidistas, ingenieros… Pero Dios me los daba sin llamar, sin pedir. Él me había dicho: "No pidas más". Obedecí y Dios se encargó de darme lo que Él quería.

Dios tiene maneras especiales, no tradicionales, de proveer a Sus ministerios. *Discovery* financiaba la producción de los discos, la grabación de los vídeos y los difundían en el programa de televisión (*Day of Discovery / Tiempo de buscar*). Ofrecían el disco compacto sin costo alguno a quienes lo pidieran escribiendo al programa. El cuarto disco que grabé para ellos fue solicitado por diez mil televidentes y lo recibieron a vuelta de correo sin ningún costo. Pero Dios honraba este ministerio, porque la gente que recibía el disco donaba treinta dólares o más, como gratitud por el obsequio. El promedio de lo que *Discovery* recaudaba por disco, como donación, ¡era de sesenta dólares! Aunque lo regalaban, Dios les recompensaba de esta manera.

En el 2006 grabé mi último disco con *Discovery House*. El productor renunció a su cargo para dedicarse a servir como ministro de alabanza a tiempo completo y la puerta se cerró para mí en esta casa de publicaciones. Siempre agradezco a Dios por ese tiempo precioso, dieciséis años de cumplir la misión de anunciar las virtudes de Aquel que me llamó de las tinieblas a Su luz admirable, a través de la música y junto a personas que amaban a Dios y a esta tarea específica. Bellos escenarios de Austria, Puerto Rico, Colorado, California, la Florida… fueron testigos de nuestra adoración registrada en imágenes que recorrieron el continente proclamando Su gloria. Nunca soñé esta carrera musical, pero estoy segura de que Dios mismo la corrió conmigo, paso a paso, abriendo caminos donde no los había. •⊨

Mi voz en la escalera descendente

C uando era muy joven y vivía embelesada con la imagen de mí misma, fantaseando con mi propia gloria, anhelaba que cuando la gente me escuchara cantar se maravillara de tal manera que dijera: "¡Dámaris es única, no hay otra voz como la de ella, no hay nadie mejor que ella!". Pero, después de mi decisión de morir a mí, ese anhelo se transformó progresivamente hasta querer, con toda mi alma, que la gente no me viera a mí, no viera a Dámaris en la plataforma, sino que viera a Cristo en mí y que, al verlo, dijera: "¡No hay nadie como Cristo, es incomparable Su amor, nadie ni nada es mejor que Él!". Dios tiene Sus maneras de enseñarnos sabiduría, humildad... El apóstol Pablo dice que para que él no se envaneciera con las revelaciones recibidas de parte de Dios, para que no se creyera más que otros, le fue dado un sufrimiento, una especie de espina clavada en el cuerpo (2 Corintios 12:7). Menciono esto para decir que, quizás, mi espina clavada en el cuerpo, para que no me volviera una presumida, sea una afección en mis cuerdas vocales que padezco desde 1990.

¿¡Cómo es posible!? ¿Una cantante que sirve a Dios puede soportar algo así? ¿Por qué Dios lo permite? Nunca sabremos las razones con exactitud, pero debemos entender de una vez para siempre que Él es soberano… ¡alabado sea Dios! En el año 90 me operaron de unos pequeños nódulos en las cuerdas y, a partir de entonces, mi rango de voz fue disminuyendo poco a poco. Al inicio de mi carrera, mi voz era soprano (la más aguda del registro vocal humano) y ahora, ¡soy un barítono con faldas! (barítono es la voz masculina, entre tenor y bajo). Mi voz fue descendiendo por la escalera (¿de Filipenses 2:5-11?), perdiendo su rango, haciéndose más grave. En el 2010, el problema se agudizó y aún me encuentro con ayuda de especialistas y rutinas de ejercicios vocales. He sentido una pequeña mejoría, pero lo único que le pido al Señor es mantener lo que tengo –no quiero un rango de 3 octavas, no–, nada más que eso. Le he dicho a mi Dios: "Voy a hacer lo que quieras que haga, Señor, lo que deba hacer, aunque sea tan solo hablar". Si algún día me dieran la noticia de que no podré cantar jamás pero sí hablar, mi reacción sería: "Fue glorioso, me encantó, amo la música, pero si se acabó esto, se acabó". No sería una tragedia. Me decepcionaría un poquito, claro que sí. Creo que es un don que Dios me dio, pero si se me va, ¡hablaré! Tan solo hablaré y seguiré sirviendo al Señor. Sé que un día en el cielo volveré a cantar. ¡La historia no termina aquí! •▬

El álbum número quince

En los momentos más oscuros de la afección de mis cuerdas vocales, cuando realmente imaginé que ya no podría volver a cantar, mi productor me propuso ¡grabar un nuevo álbum! Era un proyecto casi imposible, porque no contábamos con ningún tipo de fondos o recursos ni el auspicio de una compañía discográfica. Entonces, él me sugirió intentarlo a través de la página de internet llamada *Kickstarter*, un sitio que facilita la difusión de un proyecto específico y la recaudación de dinero de cualquier donante que decida unirse a la causa y apoyarla. El procedimiento consistía en fijar una meta, es decir, la cantidad de dinero exacta para realizar la grabación y duplicación del disco, así como un tiempo límite para cumplir esa meta. Así lo hicimos y, con un monto determinado en un plazo definido, sería muy fácil saber si Dios quería proveernos los recursos y permitir que realizáramos esta grabación porque, si no cubríamos la meta en el tiempo señalado, *Kickstarter* suspendía el proyecto y no hacía efectivas las donaciones prometidas hasta ese momento. Dimos el paso de subir nuestro proyecto a la página y, con el favor de Dios, conseguimos los recursos necesarios y el álbum *Walk with Me* (Camina conmigo), el número quince de mis discos de música de alabanza y testimonio, fue lanzado en el año 2013. Cada tema grabado me costó mucho, fue como el parto de un bebé de veinte libras ... muy difícil. Pero Dios quiso que lo hiciera y, con esto, también me daba permiso para seguir cantando, aun con mi voz afectada. Una de las canciones de este disco es *Goodbye to Me* (Adiós a mí), el tema musical que inspiró el título de este libro.

Mi voz multiplicada

Casi siempre creemos saber por dónde ir y cómo. Limitamos a Dios a nuestros métodos e ideas sobre el futuro, pero los recursos divinos son mejores y Sus métodos, sorprendentes. Cada vez que mi voz bajaba un escalón en su rango para el canto, las invitaciones para enseñar se intensificaban, subían en número y frecuencia. Ocurría, por ejemplo, que la directora de un grupo de mujeres, luego de oírme en un concierto, llamaba y decía: "Me encanta tu música pero, en verdad, me impactó tremendamente lo que decías entre las canciones. Por casualidad, ¿aceptarías una invitación a ser la conferencista en nuestro evento?". La primera vez –hace 25 años ya– pensé: "¡Nooooo, no sé si pueda hablar!". Para mí, yo solo podía hacer aperitivos, ¡pero no el plato fuerte! Esa primera ocasión fue en una conferencia grande en Oregón. Tuve que escribir mi discurso porque creía que me desviaría del tema. Sabía que no era una oradora experimentada, sin embargo poco a poco, me invitaban a más y más eventos como conferencista. Dios me decía: "Si llenas tu alma con Mi Palabra, si comes Mi Palabra y andas conmigo, tendrás algo que decir". También sentía profundamente la advertencia de no estudiar la Biblia solamente para preparar una charla sobre lo que yo misma quisiera decir o lo que el público quisiera escuchar. El llamado era a buscar a Dios en Su Palabra para conocerlo y vivir según la sabiduría que esa Palabra nos enseña. Todos, aunque no sean oradores, si se alimentan de la Palabra, podrán compartir lo que Dios les haya enseñado, aunque sea de uno a uno, de persona a persona, sin necesidad de subir a una plataforma.

Me di cuenta de que Dios también me ha dado el don de hablar en público. No me da miedo entrar al escenario y decir: "¡Dame ese micrófono!" para anunciar a creyentes y no creyentes que necesitamos urgentemente al Señor y advertirles que lo que nos está matando ¡es nuestra propia vida! Antes pedía desesperadamente: "¡Dame ese micrófono!" para que me escuches, me admires, me aplaudas, me aclames… Ahora mi voz habla de Él, de Su poder, de Su amor, de Sus promesas, de Sus demandas.

Mi voz se multiplicó: Palabra cantada, hablada y… ¡escrita! Hace poco tiempo, el editor de una prestigiosa casa editorial asistió, junto con su esposa, a una conferencia para mujeres. Una de las conferencistas canceló su participación a última hora y, como yo había sido invitada para cantar en el evento, me pidieron reemplazarla. Acepté con todo gusto, a pesar de no haberme preparado con la anticipación debida. Después de mi charla, el editor se acercó a mí y me propuso publicar un libro… ¡este libro!, para que el mensaje corriera a los rincones que mi voz jamás podría llegar, para que el mensaje corra aun sin mi presencia, ¡aun sin mover un milímetro de mis cuerdas vocales! Sin hablar, hablaré todavía por la gracia del Señor que abre sendas en el mar. ◦▬

Vestidos nuevos

¿Alguna vez soñaste con tener la última colección de primavera de la mejor diseñadora de modas para estrenar un traje nuevo cada día? Sería divertido y fabuloso no tener que pelear cada mañana con el clóset para concluir siempre lo mismo, sin importar la cantidad de ropa colgada en las perchas: "¡No tengo qué ponerme!". La Biblia habla de vestidos nuevos para el YO nuevo, creados por el mismo Diseñador que viste a los pájaros y a las flores. De esa ropa quisiera que hablemos un poco, ahora que el tiempo de luto termina y vemos con esperanza nuestra resurrección.

Casi todas estas páginas han tenido el propósito de ayudarte a entender que tu propio sueño, tu deseo, tu ser consumido de ti, debe morir para renacer a una nueva vida de naturaleza distinta. Tú, como semilla, debes romperte, desgajarte, para convertirte en planta fructífera… No quisiera dejarte en medio de la tierra oscura que alberga la semilla en su muerte, me gustaría que imagines el viento danzando en tus nuevas hojas y sientas el aroma de los frutos que vendrán.

Sin embargo, tengo que advertirte que nada de lo que pueda contarte sobre el gozo de ese nuevo YO o de esa nueva vida resultará emocionante o maravilloso si lo vemos con nuestros ojos viejos. Así como no se sufre en el velorio de un conocido, no se disfruta su resurrección. Te he contado sobre mi muerte, y seguramente no te ha dolido tanto como te dolería la tuya. Tienes que vivir esa resurrección en carne propia, cada día, así como se elige tomar la cruz cada vez que nace el sol. Hay que vivir en la resurrección que Cristo hizo posible. La palabra de Dios dice en la Carta a los Colosenses:

> Si habéis, pues, resucitado con Cristo, buscad las cosas de arriba, donde está Cristo sentado a la diestra de Dios. Poned la mira en las cosas de arriba, no en las de la tierra. Porque habéis muerto, y vuestra vida está escondida con Cristo en Dios (Colosenses 3:1-3).

¿Y cómo buscamos esas "cosas de arriba"? Conociendo a Dios y Sus deseos, Sus caminos, Sus promesas y mandamientos revelados en Su Palabra. Y aquí viene mi *jingle* otra vez: ¡LEE LA BIBLIA!

La palabra de Dios nos nutre de las "cosas de arriba". Cuando no nos alimentamos de ella quedamos "en hueso y pellejo" a nivel espiritual. ¿Has visto imágenes de personas desnutridas? Son estremecedoras. ¿Puede haber algo más triste que ver a un niño mal nutrido? Si has visto alguna vez imágenes así, comprenderás mejor lo mal que podría estar una persona cuando está desnutrida espiritualmente. Si no vivimos en Su Palabra, si no vivimos conforme a ella, estamos desnutridos.

Podemos leer la Biblia tantas veces como queramos. Yo la leo una vez al año, desde hace muchos años. Y podría sentirme muy orgullosa de leerla... Pero, imagínate lo que sería ¡leer la Biblia y seguir cometiendo el pecado de orgullo! Supe que un caballero de mi iglesia lee la Biblia cuatro veces al año. ¡Me ganó! Yo que pensaba que era gran cosa leerla una vez al año. ¿Sabes cuánto tiempo se necesita para leer cuatro veces la Biblia en un año? Cuarenta y cinco minutos al día... ¡Betty la fea y Por ella soy Eva! Deja Betty la fea y la mitad de Por ella soy Eva. Solamente cuarenta y cinco minutos al día. ¡Ayúdanos Señor, a tener hambre de Tu Palabra! Cuando una persona está mal nutrida, no tiene apetito. Al comienzo se muere de hambre, pero después, cuando su situación se agrava, ya no tiene apetito. Quizás, debamos admitir que tenemos muy poco apetito para leer la Biblia. Posiblemente, podamos leer cualquier otro libro, pero no este. Si es así, digámosle honestamente al Señor que no tenemos hambre de Su Palabra y que nos ayude a tener apetito.

El libro de Colosenses contiene un figurín celestial de los vestidos para el nuevo YO que desfilará en las pasarelas del hogar, la oficina, el supermercado, la calle o el metro... Veamos lo que dice:

Entonces, como escogidos de Dios, santos y amados, revestíos de tierna compasión, bondad, humildad, mansedumbre y paciencia; soportándoos unos a otros y perdonándoos unos a otros, si alguno tiene queja contra otro; como Cristo os perdonó, así también hacedlo vosotros. Y sobre todas estas cosas, vestíos de amor, que es el vínculo de la unidad. Y que la paz de Cristo reine en vuestros corazones, a la cual en verdad fuisteis llamados en un solo cuerpo; y sed agradecidos. Que la palabra de Cristo habite en abundancia en vosotros, con toda sabiduría enseñándoos y amonestándoos unos a otros con salmos, himnos y canciones espirituales, cantando a Dios con acción de gracias en vuestros corazones. Y todo lo que hacéis, de palabra o de hecho, hacedlo todo en el nombre del Señor Jesús, dando gracias por medio de Él a Dios el Padre (Colosenses 3:12–17).

Esta es la ropa que viste alguien que ha abrazado la nueva vida que Cristo da. Si has aceptado a Jesucristo como tu Señor, eres una persona escogida, santa y amada... ¡y este figurín es para ti! Pero, antes de analizar los vestidos, me gustaría reflexionar en lo que somos: escogidos, santos y amados.

¿Recuerdas cuando estabas en la escuela primaria y salías al receso? La profesora escogía a dos niños de entre todos los demás para que escojan, a su vez, a otros niños como miembros de su equipo. Al final había dos equipos, usualmente para jugar algún deporte. ¿Alguna vez te pasó, como a mí –que no era atlética para nada– que nunca fuiste escogido o eras el último en ser escogido? Ser escogido era algo emocionante, se sentía bien. Te escogían porque tenías algo bueno. Jesús dice que nosotros no lo escogimos a Él, sino que Él nos escogió a nosotros. Él me escogió. No me dejó afuera. Él te escogió, no quedaste fuera.

Eres escogido por Dios para Sus propósitos –si quieres conocer esos propósitos, debes vivir en las Escrituras– y eres escogido no solo como individuo, sino como Su pueblo. Somos Su cuerpo. No seamos tan individualistas. Es cierto que seremos juzgados como individuos. Estaremos solos delante del trono de Dios cuando Él nos juzgue, pero nuestra identidad también se define por ser Su pueblo. Algunos creen que Israel es el pueblo escogido por Dios. Si bien Dios escogió a un hombre, Abraham, para hacer de él una gran nación, el pueblo judío, siempre contaron en el corazón de Dios todas las naciones de la tierra. En el libro de Reyes, cuando se narra que el templo de Salomón fue construido, Salomón ora a Dios y, entre las cosas que pide, dice: *...en cuanto al extranjero que no es de tu pueblo Israel, cuando venga de una tierra lejana a causa de tu nombre (porque oirán de tu gran nombre, de tu mano poderosa y de tu brazo extendido), y venga a orar a esta casa, escucha tú desde los cielos... y haz conforme a todo lo que el extranjero te pida, para que todos los pueblos de la tierra conozcan tu nombre...* (1 Reyes 8:41–43). Se refiere a nosotros, los extranjeros, gentiles. Nosotros que no éramos pueblo, hemos llegado a ser un pueblo. Estábamos separados de Dios pero, si hemos recibido a Jesucristo, somos parte del pueblo de Dios, el Israel espiritual (Romanos 2:28,29). Este es el misterio que ha sido revelado. El pueblo de Dios se conforma por judíos y gentiles, por eso es que ahora los cristianos debemos levantar una sola bandera: la bandera del pueblo de Dios. No una bandera puertorriqueña, no una italiana o israelita (si pienso en mi ascendencia, soy puertoitaliana)... No. Somos el pueblo escogido de Dios. Toda tribu y toda lengua alabará como un solo pueblo de Dios.

Hay algo especial en la gente escogida por Dios. ¿Por qué fuimos escogidos? La respuesta es: "No lo sé". Lo creo porque eso me dice Dios en Su Palabra. Sin embargo, podemos encontrar algunas claves de la razón por la que Él nos escogió, porque también dice la Biblia: *Dios ha escogido lo necio del mundo, para avergonzar a los sabios; y Dios ha escogido lo débil del mundo, para avergonzar a lo que es fuerte; y lo vil y despreciado del mundo ha escogido Dios... para que nadie se jacte delante de Dios* (1 Corintios 1:27-29). ¡Ja, ja! Perdón que me ría, pero es así. Dios no escoge al más atlético ni al más poderoso, sabio o noble. Me escogió a mí. A ti.

El versículo de Colosenses 3:12 dice que, además de escogidos, somos santos. Dios es santo. La única razón por la que Dios nos llama santos es porque nos escogió y nos separó para Él. Solamente Dios es santo. Siempre lo ha sido, incluso antes de la creación del mundo, antes de que existiera el pecado, siempre fue santo. Entonces, si Dios era santo antes de que el pecado entrara en escena, se deduce que Su santidad nada tiene que ver con la condición de estar "sin pecado". Claro que un Dios santo es un Dios sin pecado. Con Satanás, apareció por primera vez el pecado pero, antes de que este surgiera, Dios ya era santo. La santidad, cuando se trata de Dios, significa que no hay nadie como Él. No hay nada ni nadie como nuestro Dios. No hay otro Dios como Jehová. Ahora, como nos ha escogido y nos ha comprado con la sangre de Cristo, ya no nos pertenecemos a nosotros mismos, nuestra vida es completamente de Dios. Él es santo y nos ha hecho santos al escogernos y separarnos del mundo. Somos separados para Él como vasos santos que serán utilizados para cualquier propósito que Dios quiera usarlos.

¿Recuerdas alguna vez cuando tus niños tomaron uno de tus utensilios de cocina favoritos para jugar en el jardín? Seguramente les dijiste: "¡No, no, no pueden usar ese tenedor, no es para eso!". Ese es un buen ejemplo del uso de la palabra "santo": ¡No puedes usar ese tenedor para ese propósito! Has sido separado para Dios y ya no puedes hacer lo que solías hacer. Ahora eres Su vaso. Ya no puedes hacer lo que quieras con tu ser. Ahora eres Suyo. Él te separó. Eso no significa que te puso en una esquina, sino que te separó para ser utilizado para Sus propósitos.

Cuidado con creer que porque vivimos cumpliendo mandamientos humanos, legalismos, ya somos santos. Me criaron haciéndome creer que todo era pecado excepto comer: patinar era pecado, el béisbol —adoro a los Yankees—... todo era pecado. El concepto de ser santo era: no puedes tener ningún tipo de diversión. ¿Diversión? ¡La diversión es mundana! Así que, si te diviertes, eres malvada. Debía llevar el cabello hasta la cintura, la falda hasta los tobillos... Si te cortabas el cabello, ¡Dios mío!, cometías afrenta. Mi pobre madre pasaba tres horas al día con su cabeza inclinada porque así le exigieron cuando era una jovencita recién convertida. Le habían dicho que Jesús quería que pasara con su cabeza inclinada tres horas al día. ¡Por favor, hay tanta gente religiosa que tuerce la verdad! Y la actitud de mi madre siempre era de obediencia. Hacía todo lo que le decían. En ese tiempo, ella no sabía que a Jesús no le importa si te cortas el cabello. La voluntad de mi madre para someterse era enorme, antes de que ella conociera por sí misma la Palabra de Dios y entendiera lo que Él realmente quería de ella. Estaba tan dispuesta a someterse a cualquier cosa que le dijeran sus pastores… Yo encuentro esa actitud preciosa. Me refiero a la actitud de mi madre, no a las exigencias equivocadas de esos líderes. Dios mostró a mi madre, a Su tiempo y a Su manera, que esa gente vivía en un error. Le mostró que Dios no está preocupado de nuestro *"look"* externo, sino que a Él le interesa que las mujeres –y los hombres– sean hermosos por dentro, interiormente. Mi madre pudo entender eso a Su tiempo.

No somos solamente escogidos y santos, sino también amados. ¡Cuán profundamente Dios nos ama! No es fácil entender este amor. El apóstol Pablo pide a Dios el poder del Espíritu para poder comprender la anchura, la longitud, la altura y la profundidad del amor de Cristo que sobrepasa el conocimiento humano (Efesios 3:18-19). Nada podemos hacer para detener a Dios o impedir que Él nos ame. El saberse amado nos llena de fuerza para seguir viviendo. La necesidad más apremiante de todo corazón es el amor. Todos tenemos historias de padres que nos amaron de manera imperfecta o, peor aún, que nos abandonaron, cónyuges que se fueron, amigos que nos olvidaron… Buscamos el amor que nos falta en cualquier disfraz, en cualquier espejismo que se le parezca. Pero cuando conocemos el amor sin condiciones, el amor perfecto y eterno de Dios, somos capaces de conquistar el universo. Dios no nos ama por lo que somos o por lo que hacemos. Nos amó cuando todavía éramos pecadores. Si realmente entendemos lo amados que somos, nos comportamos como personas amadas, nos vestimos como personas amadas, santas y escogidas... Lucimos el corte delicado de la compasión, la buena caída de la bondad, el color discreto de la humildad, el ajuste perfecto de la mansedumbre y los finos acabados de la paciencia (Colosenses 3:12).

El versículo dice *revestíos de*...que significa "vestir una ropa sobre otra". Según esta moda, nos vemos mejor usando todos los vestidos a la vez, vistiéndonos de *tierna compasión, bondad, humildad, mansedumbre, paciencia*.... Otra porción de la Escritura dice que nos vistamos de Cristo (Romanos 13:11-14). Nuestra compasión nunca sería igual a la de Cristo. Es tan limitada (para nuestra iglesia, nuestros hijos, nuestra familia), pero la compasión del Señor es ilimitada y mientras más le permitamos gobernar nuestro corazón, más tendremos Su compasión. Mientras más tengamos de Su bondad, más cerca estaremos del arrepentimiento porque la bondad de Dios es la que nos hace ver lo equivocados que estamos. Jesús fue manso y humilde de corazón. Si Él vive en mí, Su mansedumbre y humildad serán mías. Seré transformada conforme a Su carácter.

Uno de los trajes más difíciles de encontrar, y que pocas personas lo usan a diario, es el traje del perdón. El versículo dice: ...*soportándoos unos a otros y perdonándoos unos a otros, si alguno tiene queja contra otro; como Cristo os perdonó, así también hacedlo vosotros* (Colosenses 3:13). Sopórtense los unos a los otros. ¿Qué significa esto? ¡Algunas personas son un hueso duro de roer! Jesús dijo alguna vez a Sus discípulos: *¿Hasta cuándo tendré que estar con ustedes? ¡Hasta cuándo tendré que soportarlos!* (Marcos 9:19, RVC). Me encantan esas palabras tan espirituales... Podemos decirlas de vez en cuando. Y la respuesta es: "un largo tiempo". Dios es un *long-suffering God*, un Dios sufrido. En inglés se entiende mejor este término *long-suffering*, que significa "que soporta por laaaaargo tiempo". Y nos pide que seamos personas *long-suffering*; no es necesario traducirlo, ¿verdad?

Perdónense unos a otros. Perdona. Supéralo, es maravilloso. No importa el tamaño de la falta cometida en tu contra, la enormidad del daño que te causaron. Considéralo como una oportunidad para morir. Cada cosa que te desilusiona mírala como una oportunidad para negarte a ti mismo. Muere. Pero, escúchame, las palabras de Colosenses no son poesía. Algunos libros de la Biblia lo son (como El cantar de los cantares). Sin embargo, estas no son palabras poéticas para admirar, son palabras que debemos acatar, en las que debemos permanecer. Son mandamientos. Si quieres vivir en Su Palabra, permanecer en ella, seguir Sus pasos, confiar y obedecer, entonces soporta a otros y perdona cualquier falta. ¿Qué se supone que debo perdonar? Cualquier cosa. Me dirás: "Es que no entiendes..." Lo entiendo. Perdona. Déjalo ir. Perdonar no significa aprobar lo que hizo la otra persona, decir que eso estuvo bien. Significa que lo dejas en las manos de Dios para que Él lidie con eso. Alguien ha dicho que no perdonar es como tomar veneno y esperar que el otro muera. ¡Tú eres quien tiene algo malo adentro, si no perdonas!

Sigamos leyendo: *Y sobre todas estas cosas, vestíos de amor, que es el vínculo de la unidad* (Colosenses 3:14). Necesitamos que el amor de Dios se derrame en nuestros corazones. Leemos en la Primera Carta de Juan: *El que no ama no conoce a Dios, porque Dios es amor... Si nos amamos unos a otros, Dios permanece en nosotros y su amor se perfecciona en nosotros... Nosotros amamos, porque Él nos amó primero. Si alguno dice: Yo amo a Dios, y aborrece a su hermano, es un mentiroso; porque el que no ama a su hermano, a quien ha visto, no puede amar a Dios a quien no ha visto* (1 Juan 4:8,12,19 y 20). La clave para amar es saber que Dios nos amó primero. Solamente una persona amada plenamente es capaz de amar. Ya no necesitamos que alguien nos ame para devolver el amor. Si nos sabemos amados, podemos amar aun a nuestro enemigo. ¿Nos falta amor? El proceso de "revestirse" de los nuevos ropajes es paulatino, pero llegará ese día cuando descubramos que nuestro corazón ama lo que antes no podía amar. La antigua Dámaris se amaba demasiado a sí misma, no le importaba el público que la aplaudía, no le interesaba ni un poquito la condición de su alma. Lo único que quería de él era su admiración. Ahora, cuando estoy en una plataforma y miro a la gente, pienso en su enorme necesidad, en su sed, siento un amor por ella que no nace de mí, sino de Dios. Ahora discipulo a dos mujeres jóvenes de mi iglesia… Les enseño, me preocupo por sus tropiezos, las acompaño, oro con ellas, las invito a mi casa… ¡las amo! Te aseguro que ese amor no nace de mí, viene de reflejar el inmenso amor de Dios. Recuerda que ahora soy luna y no estrella.

Y que la paz de Cristo reine en vuestros corazones, a la cual en verdad fuisteis llamados en un solo cuerpo… (Colosenses 3:15). La paz de Dios. La calma, la tranquilidad. Jesús es el Príncipe de paz, Él declaró paz en la tormenta. Pero la paz de Jesús no es simplemente calma y tranquilidad. El versículo dice "la paz de Cristo reine". Además, dice que fuimos llamados a la paz en un solo cuerpo. Así que, se refiere a la paz que proviene de estar unidos. La paz de Cristo que gobierna porque estamos unidos. Muchas iglesias tienen miembros que no están unidos, que asisten los domingos, levantan sus manos para alabar a Dios, pero no pueden hablar con un hermano por resentimientos, pleitos o celos.

Una chica muy bonita de mi congregación se acercó un día a hablarme. Ella cantaba y tenía una voz preciosa. Me dijo que tenía un problema conmigo. Jamás me imaginé que sería así. Me confesó que tenía celos de mí. Se sentía muy apenada. Me impresionó su humildad para admitirlo y, al mismo tiempo, no lo podía creer porque ella nunca me había demostrado mala actitud. Ella decidió que ya no podía mantener este sentimiento porque Jesús gobernaba en su corazón. Cuando me lo confesó, quedó libre. Luego de un tiempo vino a mi casa y me dijo: "Siento de parte de Dios hacer algo: quiero lavar sus pies". ¡Me lavó los pies! Nadie me los había lavado antes. Ella reconoció sus celos y se arrepintió. Dios resiste al soberbio, pero da gracia al humilde. Esta mujer reconoció su manera de actuar errónea, lidió con eso y Dios se encontró con ella cuando lo hizo. Él da gracia al humilde. Jesús vino para reconciliarnos con el Padre y cuando nosotros, como Sus hijos, nos reconciliamos unos con otros, reflejamos Su carácter. Solo así, la paz de Cristo reina en nuestros corazones.

Continuemos: *Que la palabra de Cristo habite en abundancia en vosotros, con toda sabiduría enseñándoos y amonestándoos unos a otros con salmos, himnos y canciones espirituales, cantando a Dios con acción de gracias en vuestros corazones* (Colosenses 3:16). ¿A qué se refería Pablo con "la palabra de Cristo"? No se refería al Nuevo Testamento. En esa época, todavía no lo tenían completo. No se habían escrito 1 y 2 de Tesalonicenses ni las cartas de Juan, aún no lo habían recopilado todo. Así que, "la palabra de Cristo" era lo que había sido enseñado acerca de Cristo, el evangelio. Las buenas nuevas en las que ellos creían eran "la palabra de Cristo". Pablo dice: "Deja que esa palabra, ese conocimiento que tienes sobre tu Salvador habite en ti. Vive en el conocimiento de haber sido amado, perdonado, separado para Dios... que eso viva en tu corazón. Mientras cantan y se enseñan los unos a los otros, vivan en esa palabra".

Dice, por último: *Y todo lo que hacéis, de palabra o de hecho, hacedlo todo en el nombre del Señor Jesús, dando gracias por medio de Él a Dios el Padre* (Colosenses 3:17). Y todo, todo lo que hagamos... ¿qué significa eso? ¿Ir a la oficina, lavar, empacar, hacer tareas con los niños, ir de vacaciones, hablar con alguien por teléfono, manejar en la autopista? Sí. ¡Qué agenda más emocionante!, ¿cierto? Se nos pide que todo lo que hagamos, lo hagamos en el Nombre del Señor Jesús. Antes de hacer algo, preguntémonos: ¿Puedo hacerlo en el Nombre del Señor? Claro, no nos preguntamos eso cuando vamos al correo, pero podríamos hacerlo. Podríamos decirle a Dios que nos dé la fuerza o la guía para hacer tal o cual cosa. Si hay algo que no podamos hacer en el Nombre del Señor, entonces no lo hagamos. ¿Te das cuenta de cuántos problemas nos evitaríamos si tan solo obedeciéramos este versículo? ¿Puedes decir lo que vas a decir, en el Nombre del Señor? ¿No? Entonces no lo digas. Cualquier cosa que hagas, sea de palabra o de hecho, hazlo en el Nombre de Jesús, dando gracias a Dios. Otro versículo dice que cualquier cosa que hagamos, si comemos o bebemos, la hagamos para la gloria de Dios. Cerraré con esto: Fuimos hechos para Su gloria, de tal manera que cuando la gente vea nuestra vida se pregunte si nos parecemos en algo a Dios y quiera conocerlo. La gente nos mira y se pregunta: ¿quiero a su Dios?

Hace años conocí a un misionero que tenía el don de sanidad. Viajaba en un tren. Una persona se levantó de su lugar, se acercó al misionero quien simplemente le sonrió. Luego ella le dijo: "Su expresión me convenció". ¡La expresión de su rostro! Cómo quisiera que mi rostro convenza a la gente de la presencia de Dios en mí. ¿Me veo un poquito como Dios?

Recuerdo la letra de un himno que me llena de esperanza: "Amado Cordero de Dios que mueres, Tu sangre derramada nunca perderá Su poder para que la Iglesia de Dios entera sea salva y no peque más". Llegará un día cuando ya no tengamos ninguna inclinación para hacer lo malo. Ese día será cuando Cristo venga. Dice la Biblia que Él vendrá por una Iglesia, una novia, sin mancha ni arruga. ¡Tengo arrugas! Y todavía tengo manchas, pero Cristo vendrá y nos salvará plenamente. Aunque ya nos salvó, todavía pecamos, le fallamos porque estamos revestidos de la carne; y la carne no mejora nunca. No trates de mejorar tu carne. Es mala por naturaleza y lo único que podemos hacer con respecto a ella es morir. Morir a la carne. Llegará un día en el que seremos salvos para no pecar más. La esperanza de

Su venida nos santifica. Cuando sabemos que Él regresará, vivimos listos, preparados para Su regreso. Mi oración es que Dios me consuma, quiero que Sus deseos sean los míos. Digo con el salmista: *¿A quién tengo yo en los cielos, sino a ti? Y fuera de ti, nada deseo en la tierra* (Salmos 73:25). ▪▭

Mi nuevo escenario

No brilla con las luces robóticas de mi sueño. No hay una gran tarima. No suenan los platillos ni los dorados saxofones, no cantan las flautas ni los violines. El famoso director no agita la batuta detrás de mí, tampoco el coro deja oír su majestuosa armonía. No importa mi voz ni el aplauso.

Camino sobre una pequeña plataforma de una pequeña iglesia en Harlem. El servicio dominical ha terminado. Recojo un cable y lo envuelvo cuidadosamente, primero hacia un lado, luego hacia el otro para que al desenrollarlo no se formen nudos... Mientras lo hago pienso en que Tania no ha venido a la iglesia últimamente. ¿Estará enferma? Mis pies se enredan con otro cable en el piso. Lo recojo y empiezo nuevamente la minuciosa tarea de envolverlo.

Aquí todo es tan opaco, pero ¡cuánto gozo siento dentro de mí! Mi corazón canta... ¡ahí gritan los saxofones, las flautas y los coros, en mi corazón el aplauso es para el que está sentado en el trono, que vive por los siglos de los siglos! ▪